Marianne J. Voelk

# Das große
# Brotbuch

Marianne J. Voelk

# Das große Brotbuch

Über 200 tolle Rezepte für Brote, Brötchen, Aufstriche und Beläge

Bassermann

# Inhalt

Einfach, schnell und köstlich:

# Brot, Aufstriche und Beläge aus der eigenen Küche

Früher – und auf dem Lande ist das noch gar nicht so lange her – war je nach Größe der Familie ein- bis zweimal die Woche Brotbacktag. Da wurde beim Müller frisch gemahlenes Mehl geholt, der Teig angesetzt, geknetet, gewalkt und zu üppigen Laiben geformt. Und wer keinen großen Backofen hatte, der machte sich mit den teiggefüllten Brotkörben auf zum Bäcker, der das Backen besorgte. Danach holte man das Brot noch warm und frisch duftend wieder ab. Zu Hause gab's dann einen üppigen Festschmaus mit knusprigen Brotscheiben, bestrichen mit pikant angerührtem Quark, Butter oder selbst gemachtem Schmalz und bestreut mit gehackten Kräutern und fein geschnittenen Zwiebelringen. Und für die Leckermäuler stand fruchtige Marmelade oder Honig aus Eigenproduktion auf dem Tisch.
Und heute? Weil uns die Zeit fehlt, kaufen wir vorgeschnittenes, in Cellophan verpacktes Brot im nahegelegenen Supermarkt. Die pappigen Scheiben belegen wir tagtäglich mit den gleichen fetttriefenden Wurstsorten, geschmacksverstärkten Käsezubereitungen und mit Konservierungsstoffen versetzten Marmeladen. Und wenn ein schneller Imbiss gefragt ist, greifen wir zu tiefgefrorenen Baguettes mit undefinierbarem Belag und vorgefertigten Frikadellen zwischen weichen, aufgeblähten Brötchenhälften. Doch auch wenn wir die fabrikatorisch gefertigte Einheitsware zu vermeiden suchen und bei einer der wenigen kleinen Bäckereien mit eigener Backstube unser Brot und beim Metzger um die Ecke unseren Aufschnitt kaufen, können wir nicht sicher sein, was im Teig oder in der Wurst drin ist. Wollen wir mit Sicherheit gesunde, vollwertige und zudem wohl schmeckende Backwaren und Aufstriche auf unserem Tisch haben, hilft nur eins: Selbst machen.
Zu schwierig und viel zu zeitaufwendig, meinen Sie? Vergessen Sie's! Brot backen ist so einfach wie Kuchen backen, und leckere Brotaufstriche sind schnell vorbereitet. Natürlich braucht so ein Brotteig seine Zeit zum Ruhen und Gehen, aber es ist nicht Ihre Zeit.

Während sich Ihr Teig an einem warmen Plätzchen aufbläht wie ein Luftballon, können Sie aus Quark oder Käse mit Kräutern oder Früchten würzige Pasten und süße Cremes anrühren oder aus geschrotetem Getreide ein paar herzhafte Burger zubereiten. Und es bleibt Ihnen auch noch genügend Zeit, um sich in Ihrem Lieblingssessel zu räkeln, zu lesen oder einen Fernsehkrimi zu verfolgen. Die Werbepause reicht locker, um den gegangenen Teig zu einem Laib zu formen und in den Backofen zu schieben. Ist der Mörder gefasst, können Sie sich und Ihre Lieben mit herrlich aromatischem Brot und köstlichen, frischen Aufstrichen verwöhnen.

Haben Sie immer noch Zweifel, ob Ihre Zeit oder Ihre Backkünste zum Brotbacken reichen? Dann sollten Sie sich einen Backautomaten anschaffen. Er ist nicht nur ideal für ungeübte Backneulinge, sondern auch für ganz Eilige, denen das Kneten, Beobachten und Formen des Teiges zu aufwendig und lästig ist. Gelingen wird Ihr Brot in jedem Fall.
Egal, ob Sie Ihr Brot eigenhändig oder in einem Backautomaten zubereiten: Backen macht Spaß, und nach den ersten Erfolgserlebnissen werden auch Sie ein begeisterter »Eigenbrötler« werden, der auf schmackhaftes, selbst gebackenes Brot nicht mehr verzichten will – ebenso wenig wie auf die gesunden, köstlichen Brotaufstriche und -beläge aus eigener Produktion, die eine Abwechslung zum ewigen Einerlei auf der Scheibe Brot bieten.

# Vom Getreidebrei zum Brot

Brot steht schon seit vielen tausend Jahren auf dem Speiseplan der Menschen. Bis zur »Erfindung« dieser nahrhaften und köstlichen Leibspeise war es allerdings ein langer Weg.

## Am Anfang war das Getreide

Als der Mensch seinen Lebensunterhalt noch als Jäger und Sammler bestritt, kam den Samen von Wildgräsern ein hoher Stellenwert für die Ernährung zu. Vor etwa 10.000 Jahren gelang es dann, aus Gräsern Getreide zu kultivieren und allmählich in wachsender Qualität und Quantität zu produzieren. Im alten Ägypten war Getreide, vor allem Weizen, das wichtigste und heiligste Nahrungsmittel. Bei Ausgrabungen in Oberägypten fand man in einem Grab Weizen, der aus der Zeit um 4000 v. Chr. stammt. Zunächst wurden die gemahlenen Körner in Form von Brei oder Grütze verzehrt. Als man entdeckte, dass der Getreidebrei, den man versehentlich in der Sonne hatte stehen lassen, fest und damit auch haltbar wurde, verarbeitete man Gerste und Weizen zu Fladenbroten, die man von der Sonne »backen« ließ.

## Volkes Nahrung

Die bahnbrechende Entdeckung der Gärbrote wird der Epoche des Neuen Reiches (1551–1306 v. Chr.) zugeschrieben. Als ein schlauer Kopf auch noch einen Backofen erfand, der mit trockener Heißluft arbeitete, war dies der erste Schritt zur Entstehung des Bäckerberufes. Das neue Gewerbe fand bald Nachahmer, von Ägypten über Kreta bis nach Rom.
Brot wurde zur Volksnahrung Nummer eins. Die Geschichte ist voll von Beispielen, in denen ein zur Neige gehender Getreidevorrat Auslöser revolutionärer Unruhen wurde, denn man bangte um sein täglich Brot. Panem et circenses – Brot und Spiele – boten die römischen Imperatoren deshalb dem Volk, um es bei Laune zu halten.

## Unser Brot heute

Brot ist nach wie vor weltweit eines der wichtigsten Grundnahrungsmittel, wobei sich Deutschland als wahres Brotparadies ausnimmt. Unter annähernd 2000 Brotsorten kann der Bürger wählen.
Während unsere Vorfahren ihr Brot noch selbst herstellten und vom Getreideanbau bis zum Backen alle Schritte »unter Kontrolle« hatten, kaufen wir heute unser Brot vom Bäcker oder fabrikatorisch gefertigte Massenware. – Wir haben zwar die Wahl unter einem riesigen Angebot unterschiedlicher Brotsorten, aber die Kontrolle darüber, was diesem uns so teuren Lebensmittel alles beigemengt wird, ist uns schon längst entglitten. Und das gilt bedauerlicherweise auch für Brote, die vordergründig als ganz besonders gesund gelten.

## Was ist drin im täglich' Brot?

Zum Beispiel »Vollkornbrot«. Die Bezeichnung bedeutet nicht, dass im Brot besonders viele ganze Körner verbacken sind, sondern dass das verwendete Mehl alle wertvollen Inhaltsstoffe des vollen Korns enthält, einschließlich der Keim- und Randschichten. Es ist erwiesen, dass die Vitalstoffe des vollen Korns, wie der hohe Gehalt an Vitaminen der B-Gruppe, an Mineralstoffen und Spurenelementen, an ungesättigten Fettsäuren sowie an Enzymen, wesentlich zur Verhütung und Heilung ernährungsbedingter Zivilisationskrankheiten beitragen.

Doch leider ist nicht jedes Brot aus vollem Korn gebacken, das unter diesem Namen angeboten wird. Laut Gesetz muss der Mindestgehalt an Vollkornmehl für diese Brotsorte nur 30 Prozent betragen. Auch die Farbe sagt nichts über die Vollwertigkeit des Brotes aus; sie kann auch mit Hilfe von Malz, Zuckercouleur oder Lebensmittelfarbe erzeugt werden, um Vollwertigkeit vorzutäuschen.

Auch beim Treibmittel, das heute in der Brotherstellung Verwendung findet, ist Vorsicht geboten. Mit so genanntem »Kunstsauer« werden nicht nur fabrikatorisch erzeugte Brote hergestellt; selbst Kleinbäckereien setzen mittlerweile den zeitsparenden Kunstsauer ein, der den Teig bereits innerhalb von zwei Stunden backfähig macht. Diese Mixtur von Feinchemikalien kann zu unterschiedlichsten Störungen im Organismus führen, unter anderem bei der Verwertung von Mineralstoffen und Spurenelementen sowie bei der Eiweißverdauung.

Kunstsauer und andere Backhilfsmittel werden in der BRD tonnenweise eingesetzt. Ein Hersteller hat sich beispielsweise ein Rezept patentieren lassen, das unter anderem Calciumsulfat (Gips), Calciumacetat, Calciumcarbonat, Tricalciumsulfat, Tricalciumphosphat, Diacetylweinsäureester, Natriumdiacetat sowie Schimmelpilzamylase enthält. Die eine Chemikalie bläst die Brötchen auf, die andere konserviert das Brot, die nächste verscheucht die Motten und sorgt für rieselfähigen Teig, eine weitere Chemikalie macht den Teig »maschinabel«. Wahre Wunder vollbringt die Chemie!

## Ist Brot ein Dickmacher?

Brot macht nicht dick, solange es sich um vollwertiges Brot handelt, hergestellt aus Vollkornmehl, das alle Bestandteile des Korns enthält: die vitalstoffreichen Randschichten und den wertvollen Keim. Übergewichtige sind jedoch meist Liebhaber von Feinmehl- und Fabrikzuckerprodukten. Da solchen Produkten die zum Abbau erforderlichen alkalischen Mineralsalze, wie Kalzium, Kalium und Magnesium, sowie zahlreiche B-Vitamine fehlen, muss der Körper diese biologischen Wirkstoffe aus seinen Depots zur Verfügung stellen. Werden sie nicht durch vitalstoffreiche Nahrung laufend aufgefüllt, kommt es mit der Zeit zu Mangelerscheinungen und Krankheiten.

Es mag paradox klingen, doch ein dicker Mensch ist unterernährt! Die Fehlsteuerung seiner Stoffwechselvorgänge und damit sein Übergewicht entstehen allein durch das Fehlen biologischer Wirkstoffe. Solange Sie sich jedoch an Brot halten, das alle Vitalstoffe des vollen Korns enthält, brauchen Sie sich bezüglich des Züngleins an Ihrer Waage keine Sorgen zu machen.

## Keine Angst vor Phytinsäure

*Vollkorngegner warnen vor den Gefahren der Phytinsäure. Dieser Stoff, der als eine Art »hausgemachter« Abwehrstoff gegen Schädlinge in jedem Getreide enthalten ist, soll die Aufnahme von Mineralstoffen, insbesondere von Kalzium blockieren. Um den Abbau der Phytinsäure brauchen wir uns keine Sorgen zu machen, denn die Natur stellt uns alle zum Abbau der Nahrung notwendigen Enzyme zu Verfügung. Das Enzym Phytase wird vom Getreide gleich mitgeliefert und entfaltet seine aufspaltende Wirkung bereits während des Gärungsprozesses, das heißt beim Aufgehen des Teiges. Untersuchungen haben gezeigt, dass es bei Menschen, die ihre Ernährung auf reines Vollkornbrot umgestellt haben, in der Tat vorübergehend zu einer vermehrten Kalziumausscheidung kam. Dieser Prozess kam jedoch sehr rasch zum Stillstand, denn der Organismus entfaltete innerhalb kürzester Zeit die in ihm schlummernde Fähigkeit mit der Phytinsäure richtig umzugehen.*

## Wertvolles **Brotgetreide**

**Gerste** stammt aus China und Tibet und wurde von den Sumerern schon um 5000 v. Chr. angebaut. Sie spielte auch in der Ernährung der Griechen und Römer des Altertums ein große Rolle. Gerste zeichnet sich durch einen besonders hohen Anteil an den B-Vitaminen Folsäure und Thiamin aus.

**Hirse** ist wahrscheinlich ebenso alt wie die Gerste und kommt gleichfalls aus China. Aufgrund ihrer Dürreresistenz ist sie noch heute das am weitesten verbreitete Getreide Afrikas, das außer zu Fladen und Breien auch zu Bier verarbeitet wird. – Hirse hat von allen Getreidesorten den weitaus höchsten Eisen- und Kohlenhydratanteil sowie einen hohen Gehalt an Phosphor und den B-Vitaminen Thiamin und Niacin.

**Mais**, dessen Ursprung vermutlich in Mexiko liegt, ist seit Menschengedenken das Grundnahrungsmittel der Indios. Das »Urbrot« der Indios waren hauchdünne Fladen aus Mais, die auf Steinen über offenem Feuer gebacken wurden. — Mais verfügt über besonders viel Vitamin $B_1$ und $B_2$ sowie Kohlenhydrate und übertrifft alle Getreidesorten im Vitamin-A-Gehalt.

**Hafer** ist ein relativ »junges« Getreide, das erst für die Zeit um 1000 v. Chr. in China nachgewiesen wurde. Er verbreitete sich von dort allmählich bis nach Europa. Wie Plinius berichtet, bestand die Hauptnahrung der alten Germanen aus Hafergrütze. Und auch die Schotten labten sich an Haferbrei, der aus geschrotetem Hafer, heißem Wasser und zerlassener Butter geköchelt wurde. – Neben Weizen hat Hafer den größten Anteil an mehrfach ungesättigten Fettsäuren; außerdem weist er den höchsten Mineralstoffanteil aller Getreidearten auf.

**Roggen,** als dessen Herkunftsgebiet Vorderasien angenommen wird, gehört ebenfalls zu den jüngeren Getreidearten. Die ältesten Funde in Europa datieren aus der Zeit zwischen 1800 und 1000 v. Chr. Heute ist Roggen unser wichtigstes Brotgetreide, das einen herzhaften Geschmack und lange Haltbarkeit gewährleistet. – Roggen enthält hohe Anteile an den B-Vitaminen Folsäure und Niacin sowie an Vitamin A.

**Weizen** entstand durch Artbastardierung vermutlich im Zweistromland und wurde schon um 4000 v. Chr. durch die Sumerer kultiviert. Heute werden etwa 10.000 bis 12.000 Arten weltweit angebaut. – Weizen übertrifft alle anderen Getreidesorten im Gehalt an mehrfach ungesättigten Fettsäuren, an Kalium, Magnesium und Phosphor, Vitamin $B_1$, Niacin sowie Vitamin E.

**Dinkel** ist ein Vertreter des Spelzweizens. Menschen mit einer Weizenallergie können auf Dinkel ausweichen. Der Nährstoffgehalt ähnelt dem des Weizens.

**Grünkern,** eine badisch-schwäbische Spezialität, ist milchreif geernteter Dinkel, der über Holzfeuer vorsichtig geröstet wird. Brote mit Grünkern schmecken besonders würzig.

**Buchweizen** wird wie Getreide verarbeitet, obwohl er gar keines ist; er gehört zu den Knöterichgewächsen. Wegen seines nussigen Geschmacks wird er vielen Broten beigemischt.

**Quinoa,** der Inkaweizen, und **Amaranth,** das Aztekengetreide, bildeten die Ernährungsgrundlage der beiden süd- bzw. mittelamerikanischen Völker. Beide »Getreide« waren lange Zeit in Vergessenheit geraten. Erst heute besinnt man sich wieder auf den ernährungsphysiologischen Wert dieser kleinen Körnchen mit einem hohen Gehalt an hochwertigen Aminosäuren. Diese Pflanzen gelten als Pseudogetreide und gehören den Gänsefuß- beziehungsweise den Fuchsschwanzgewächsen an.

# Nur die besten **Zutaten** sind gut genug

Ab sofort backen wir unser Brot selbst, denn nur so wissen wir, was in den Teig kommt. Aber der ernährungsbewusste Feinschmecker erwartet noch mehr, nämlich wohlschmeckende Vielfalt im Brotkorb. Nichts leichter als das – man muss nur eine einzige Grundregel beherzigen: Das Beste ist gerade gut genug.

**Getreide aus biologischem** Anbau ist weitgehend frei von Schadstoffen und sollte Getreide aus konventionellem Anbau vorgezogen werden. Wenn Sie keine Getreidemühle besitzen, können Sie Ihre Mischung für das Brot im Reformhaus oder Naturkostladen mahlen lassen. Lässt sich der Kauf von fertig gemahlenem Mehl nicht umgehen, so verwenden Sie Mehlsorten mit der höchsten Typenzahl. Diese zeigt an, wie viel Milligramm an Vitalstoffen in 100 g Mehl vorhanden sind. Je niedriger die Typenzahl, desto wertloser das Mehl. Da die Getreidesorten in ihrer Zusammensetzung an Vitalstoffen – Vitaminen (insbesondere Vitamine der B-Gruppe), Mineralstoffen und Spurenelementen, ungesättigten Fettsäuren und Faserstoffen – variieren, sollten Sie mit den Mehlmischungen beim Brotbacken abwechseln. Rezepte finden Sie in diesem Buch zur Genüge.

**Flüssigkeit** bringt das Mehl zum Quellen. Hierzu wird in erster Linie Wasser verwendet, doch auch Milch, Buttermilch, Jogurt, Kefir und Quark können verarbeitet werden. Milchprodukte lockern den Teig und intensivieren das Aroma.

**Fett** macht manche Teige geschmeidiger. Wir verwenden frische Butter von guter Qualität und hochwertige, kalt gepresste Pflanzenöle.

**Honig** ist das älteste Süßmittel, das zum Backen verwendet wird. Fürs Brotbacken ist er vor allem zur Unterstützung der Treibkraft von Hefe und Sauerteig gedacht.

**Kerne, Nüsse und Samen** sind ebenso wie Getreide für die menschliche Ernährung von größtem physiologischen Wert. Sie sind durch ihren Vitalstoffreichtum besonders dazu prädestiniert, unseren Stoffwechsel in Schwung zu bringen. Sie können nahezu jedes Brot mit diesen Schätzen der Natur anreichern.

**Keimlinge** sind Vitalstoffproduzenten par excellence und besonders reich an mehrfach ungesättigten Fettsäuren. Sie stellen eine bedeutende Kraftquelle für den Organismus dar, und ihre biologischen Wirkstoffe können vom Körper ausgezeichnet verwertet werden. Praktische Keimgeräte erhalten Sie im Naturkostladen. Sie können die Körner jedoch auch auf Tellern zum Keimen bringen, indem Sie 100 g Körner in einem Sieb spülen, kräftig abtropfen, auf einem Teller verteilen und mit einer Klarsichtfolie überziehen. Dieser Vorgang wird 2 Tage hintereinander morgens und abends wiederholt. Die gekeimten Körner sind verzehrfertig, wenn der Keimling die Länge des Korns erreicht hat. Das Ausgangsgewicht verdoppelt sich beim Keimvorgang.

**Gemüse oder Obst** kann Geschmack und Farbe eines Brotes reizvoll verändern. Da Gemüse sehr saftig ist, muss die Wassermenge etwas reduziert werden.

**Gluten (Weizenkleber)** ist das Klebereiweiß des Weizens. Es bindet glutenfreie Mehle bei der Teigherstellung und bewirkt, dass der Teig gut aufgeht und beim Backen seine Konsistenz behält. Das ist besonders wichtig beim Backen im Brotbackautomaten, da das Brot mit Unterhitze gebacken wird.

**Arrowroot (Pfeilwurz)** wird zum Binden glutenfreier Mehle benötigt. Gluten ist ein Klebereiweiß, das in manchen Getreidearten nur in geringen Mengen vorhanden ist oder völlig fehlt, z. B. in Gerste, Hirse, Mais, Amaranth, Quinoa und Buchweizen. Arrowroot wird aus den Wurzeln der Pflanze gewonnen und hat hervorragende Bindeeigenschaften.

## Gewürze

**Vollmeersalz:** Ohne Salz schmeckt jedes Brot fade. Die in den Rezepten angegebenen Mengen sind Durchschnittswerte; salzen Sie nach eigenem Geschmack. Verwenden Sie Vollmeersalz, denn es ist reich an Mineralstoffen und Spurenelementen.

**Klassische Brotgewürze** sind Anis, Fenchel, Kardamom, Koriander, Kümmel, Zimt und Brotklee (Kleesorten wie Steinklee, Schabzigerklee und Bockshornklee). Ingwer, Curcuma, Muskatnuss und Gewürznelke sind zwar keine ausgesprochenen Brotgewürze, dennoch verleihen sie manchen Brotkreationen einen pikanten und interessanten Geschmack. Gewürze sind natürlich Geschmacksache; Sie werden bald herausfinden, welche Kombinationen und Dosierungen Ihrer Lieblingsgewürze Ihnen am meisten zusagen.

### *Kräuterpulver selbst gemacht*

*je 2 EL Basilikum, Estragon, Kerbel, Liebstöckel, Dill, Ysop, Petersilie*
*je 1 EL Majoran, Oregano, Rosmarin, Thymian*
*1/2 EL Salbei*

*Die gerebelten Kräuter im Mixer der Küchenmaschine oder im Getreidemahlwerk mahlen. Das Pulver in einem Schraubglas aufbewahren.*

**Frische Kräuter oder Kräuterpulver** sorgen ebenfalls für würzige Abwechslung. Wenn keine frischen Kräuter zur Hand sind, verhelfen auch getrocknete Kräuter, gerebelt oder in Pulverform, zu einem feinen Aroma.

## Treibmittel

Als Teiglockerungsmittel finden in diesem Brotbackbuch Rapunzel Bioreal Backhefe, Vegetamin Trockenbackhefe, selbst gemachter Sauerteigansatz und Natur-Weinsteinbackpulver Verwendung.

**Rapunzel Bioreal Backhefe:** Im Gegensatz zu konventioneller Hefe, die vorwiegend auf Melasse gezogen und unter Zusatz von Schwefelsäure, Ammoniak, Phosphaten und anderen chemischen Mitteln hergestellt wird, entsteht die Bioreal Backhefe auf natürlichem Wege. Die Basis bilden Getreiderohprodukte aus kontrolliert biologischem Anbau unter Mitwirkung von Amylasen (kohlenhydratabbauenden Enzymen). Der Teig wird durch das beim Gärungsprozess entstehende Kohlendioxyd aufgelockert, und es entwickeln sich Milchsäurebakterien, die für einen intensiven Brotgeschmack sorgen, der dem des Sauerteigbrotes sehr nahe kommt. Ein weiterer Pluspunkt: Die Biohefe kann ohne vorheriges Gehen einfach in den Teig gearbeitet werden. Außerdem sind diese Brote bedeutend länger haltbar.

**Vegetamin Trockenbackhefe:** Man kann statt Frischhefe auch Trockenhefe verwenden, mit der ebenfalls gute Backresultate erzielt werden. Die Vegetamin Trockenbackhefe besteht aus getrockneter Frischhefe und ist frei von Emulgatoren und sonstigen chemischen Zusätzen. Ein Päckchen enthält 20 g Trockenhefe, die für eine Mehlmenge bis 1 kg ausreicht.

**Sauerteigansatz:** Er kann für jede Getreidekombination verwendet werden, doch bei Teigen mit hohem Roggenanteil ist er unbedingt notwendig, denn bei mehr als 30 Prozent Roggenmehl im Teig versagt die Treibkraft jeder Hefe. Der herzhafte Geschmack von Sauerteigbroten wird durch Milchsäurebakterien, Essigsäure und Wildhefen bewirkt, die sich während der Gärungszeit des Sauerteiges entwickeln. Sauerteigbrot ist gut bekömmlich, hält sich sehr lange frisch und gewinnt bei längerer Lagerung sogar an Aroma.

**Vegetamin Sauerteigextrakt** ist getrockneter Sauerteigansatz, der aus biologisch angebautem Getreide

# Nüsse & Co

Nüsse, Kerne und Samen sind wegen ihres Fett- und Eiweißgehalts hervorragende Energiespender und wertvolle Lieferanten von Vitaminen, Spurenelementen und lebenswichtigen Mineralstoffen. Vor allem aber geben Sie jedem Brot oder Gebäck eine besondere geschmackliche Note.

**Haselnüsse** sind in Europa heimisch und können im September und Oktober geerntet werden. Das braune, leicht bittere Häutchen kann durch 10-minütiges Rösten im Backofen bei 225°C entfernt werden.

**Mandeln** sind unverzichtbare Zutat für viele Süßspeisen, Konfekt und Gebäck. Neben den Süßmandeln sind auch Krachmandeln mit einer porösen Schale und Bittermandeln im Handel, die roh verzehrt wegen ihres Blausäuregehalts giftig sind.

**Walnüsse** sind ausgezeichnete Nähr- und Mineralstofflieferanten. Neben den frischen Schälnüssen, die im Herbst auf dem Markt sind, spielen für unsere Ernährung die getrockneten Kerne eine Rolle.

**Erdnüsse** gehören zur Familie der Schmetterlingsblütler. Erst durch Rösten entfalten Erdnüsse ihr Aroma. In Brot und Gebäck schmecken Erdnüsse nicht nur als knackige Stückchen; auch ein Teil des Fettes für den Teig kann durch Erdnussbutter ersetzt werden.

**Pistazien** sind nicht nur wegen ihres mandelähnlichen Aromas beliebt, sondern auch wegen ihrer dekorativen, leuchtend grünen Farbe.

**Pinien** sind die Samen der im Mittelmeerraum verbreiteten Schirmpinie und werden für Backwaren und Süßspeisen verwendet. Ihr feines Mandelaroma kommt erst durch Rösten zur Entfaltung.

**Sonnenblumenkerne** mit einem hohen Anteil an mehrfach ungesättigten Fettsäuren und essenziellen Aminosäuren gehören auf jeden Vollwertspeiseplan. Ihr fein-nussiger Geschmack macht sich in jedem Brot gut.

**Kürbiskerne** haben einen intensiven Geschmack und sind wie Pistazien und Pinien vielseitig verwendbar. Sie sollen eine heilende Wirkung bei Blasen- und Prostataleiden haben.

**Sesam** ist eine in regenarmen, heißen Gebieten angebaute Pflanze, die eine Kapselfrucht ausbildet, in der die Samen enthalten sind. Wenn Sie die Körner vorsichtig rösten, wird ihr Geschmack intensiver.

**Mohn** besteht aus den reifen Samen der aus Asien stammenden Mohnpflanze. Gemahlen entfaltet Mohn seinen Geschmack am besten, doch wird er dann schnell ranzig. Auf Brot und Brötchen werden meist die ganzen Samenkörner gestreut.

**Leinsamen** sind reich an ungesättigten Fettsäuren und Eiweiß. Daneben enthalten sie auch Zucker und Schleimstoffe, die den leicht abführenden Effekt von Leinsamen bewirken.

hergestellt wird. Er säuert das Brot natürlich und sorgt für schnelle Aufschließung des Mehleiweißes. Daher eignet sich Sauerteigextrakt besonders gut für Sauerteige, die im Brotbackautomaten gebacken werden, denn sie haben kürzere Ruhezeiten als die manuell hergestellten Brote.

**Natur-Weinsteinbackpulver:** Es enthält im Gegensatz zu herkömmlichem Backpulver keine chemischen Zusätze. Die Treibkraft entwickelt sich durch die Weinsteinsäure, die Holzweinfässern entnommen wird. Dieses Backpulver kann außer zum Backen auch sehr gut zur Rettung eines Brotes eingesetzt werden, wenn bei der Teigzubereitung mal eine Panne passiert (siehe Seite 17).

## Herstellung von Sauerteigansatz – ein Kinderspiel

Vor nichts haben Hobbybäcker so viel Respekt, wie vor der Herstellung von Sauerteigansatz und dem Backen mit diesem vergorenen Getreidebrei. Dabei ist es so einfach, einen Sauerteigansatz herzustellen. Sie brauchen nichts weiter zu tun, als Mehl mit Wasser zu verrühren und ein paar Tage lang bei einer Zimmertemperatur von etwa 22°C stehen zu lassen, bis der Brei sauer wird. Außerdem müssen Sie nur einmal Sauerteigansatz herstellen, denn was am Backtag im Glas übrigbleibt, füllen Sie mit ein wenig vergorenem Vorteig wieder auf – und fertig ist der Sauerteigansatz fürs nächste Brot.

**So wird's gemacht:**

1. In einem hohen Schraubglas (z.B. Gurkenglas) fünf Esslöffel frisch gemahlenes Roggenvollkornmehl – diese kleine Menge kann auch in der Kaffeemühle oder mit dem Pürierstab gemahlen werden – mit fünf Esslöffeln warmem Wasser (etwa 40°C) und einem Teelöffel Honig zu einem weichen Brei verrühren. Den Deckel locker auflegen, damit noch Luftaustausch stattfinden kann. Das Glas in die wärmste Ecke (etwa 22°C) der Küche stellen und täglich einmal umrühren. Nach zwei bis drei Tagen sind Gärungsbläschen zu sehen und der Brei riecht angenehm säuerlich.
2. Dies ist der richtige Zeitpunkt, dem Brei nochmals fünf Esslöffel frisch gemahlenes Roggenvollkornmehl und fünf Esslöffel warmes Wasser hinzuzufügen und unterzurühren. Den Schraubdeckel wieder locker auflegen und das Glas weitere 24 Stunden stehen lassen.
3. Nun ein letztes Mal die gleiche Menge an Roggenvollkornmehl und warmem Wasser unter den Brei rühren und nochmals 24 Stunden warm stellen.
4. Am nächsten Tag ist Ihr Sauerteigansatz fertig. Er kann im Kühlschrank nahezu endlos aufbewahrt werden, da er bei jeder Teigzubereitung mit etwas vergorenem Vorteig von neuem aktiviert wird. Mit der Zeit tritt auf der Oberfläche eine Graufärbung durch arteigene Hefen ein, was weder schädlich ist noch die Backeigenschaften herabsetzt; die Hefen werden einfach untergerührt und mitverwendet.

# Tipps und Tricks rund ums Brotbacken

Falls Sie jemals gehört haben, Brot backen sei schwierig und mit großem Kraft- und Zeitaufwand verbunden – vergessen Sie's. Die Ingredienzen für die meisten Brotrezepte in diesem Buch kann eine gute Küchenmaschine fassen und verarbeiten. Falls Sie ein kleineres Modell besitzen, halbieren Sie die Zutaten einfach. Während die Maschine die eine Hälfte vermengt, bearbeiten Sie die andere mit dem Knethaken des elektrischen Handgerätes. Zum Schluss werden die beiden Teigstücke nur noch aufeinandergelegt und kurz verknetet.
Aber selbst wenn Sie (noch) keine Küchenmaschine Ihr eigen nennen – was soll's! Gönnen Sie Ihren Händen und Armen einmal wöchentlich ein 5 – 10-minütiges Fitnesstraining. Viel Kraft brauchen Sie wirklich nicht – selbst ein 12jähriges Kind ist dieser Aufgabe gewachsen – und so manche/r Hobbybäcker/in schwört darauf, dass das Brot durch Handarbeit am besten gelingt.

## Hilfsgeräte fürs Backvergnügen

Als künftiger »Eigenbrötler« mit entsprechendem Basiswissen über den gesundheitlichen Wert frisch gemahlenen Getreides werden Sie von vitalstoffarmen Auszugsmehlen und »abgelagerten« Vollkornmehlen fortan nichts mehr wissen wollen und nur noch das Beste für sich und Ihre Familie beanspruchen. Daher wird Ihnen eine kräftige **Getreidemühle** gute Dienste leisten. Sie schrotet Ihr Getreide für das Frühstücksmüsli ebenso mühelos wie sie es zu feinstem Mehl für lockere, duftende Brote mahlt.
Sehr hilfreich ist auch eine **digitale Küchenwaage,** denn becherweises Abmessen ist nicht nur lästig, sondern auch ungenau. Die Waage sollte bis 2000 Gramm wiegen, damit Sie einer bereits gefüllten Schüssel weitere Zutaten hinzuwiegen können.

Mit dem **Teigschaber** werden die Zutaten grob vermengt, bevor es ans Verkneten geht. Er schabt außerdem die letzten Reste aus der Teigschüssel und streicht den Teig in der Form glatt.
Um Ihren Teig »in Form« zu bringen, müssen nicht unbedingt **Römertopf, Keramikformen (Katengeschirr) oder Edelstahlformen** angeschafft werden. Ihre Kasten- oder Springformen und Backbleche für Kuchen sowie Auflaufformen aus feuerfestem Porzellan oder Glas leisten auch gute Dienste. In der Form gelingt auch das Backen eines etwas feuchteren, das heißt weicheren Teigs. Für die Anschaffung eines Römertopfs oder einer Keramikform mit Deckel spricht jedoch, dass sie Backformen und zugleich attraktive Gefäße zur Aufbewahrung von Brot und Brötchen darstellen.
Für frei geformte Brote gibt es **ovale und runde Gärkörbchen,** die Ihrem Teig beim Gehen die Form geben. Aus den Körbchen wird der gegangene Teig aufs Blech gestürzt.
Manche Brote werden vor dem Backen mit Fett, Eigelb oder Milch eingestrichen, was ihnen zu einer knackigen Kruste verhilft. Hierzu brauchen Sie einen flachen **Pinsel** mit Naturborsten.
Ein **Sprühgefäß,** mit dem Sie Ihre Zimmerpflanzen besprengen, ist gleichzeitig geeignet, frisch aus dem Ofen geholtes Brot zu besprühen, damit die Kruste kross bleibt und Glanz erhält.

# Wärmequellen zum **Gehen** des Teigs

Ihr Teig bläht sich in kurzer Zeit auf wie ein Luftballon, wenn er genügend Wärme erhält. Während der Hefeteig sogar im Kühlschrank aufgehen kann – was aber selbstverständlich eine geraume Zeit dauern würde –, braucht der Sauerteig eine Temperatur zwischen 28°C und 35°C, jedoch keinesfalls mehr als 40°C, damit die Milchsäure- und Hefebakterien nicht absterben.
Das Volumen des Hefeteigs sollte sich beim Gehen verdoppeln, das Volumen des Sauerteigs sollte etwa um die Hälfte zunehmen.
An warmen Sonnentagen ist das Wärmen des Teigs einfach, denn man kann ihn abgedeckt in die Sonne stellen, und bei hoher

Außentemperatur genügt ein Plätzchen im Schatten. Im Winter fühlt sich der Teig in der Nähe von Heizköpern wohl; die Schüssel nach der ersten Hälfte der Ruhezeit um 180° drehen, damit der Teig von allen Seiten gewärmt wird.
Doch es gibt Tage, an denen keine dieser Wärmequellen zur Verfügung steht. Dann muss der Backofen herhalten. Er wird auf 75°C aufgeheizt, dann auf 50°C zurückgeschaltet. Die Teigschüssel wird mit Plastikfolie und Küchentuch abgedeckt und auf der unteren Schiene eingeschoben, wobei die Ofentüre einen Spalt offen bleibt. Auch in diesem Fall die Schüssel nach der Halbzeit drehen.

Sie können auch eine gleichbleibend warme Temperatur von etwa 28°C erzeugen, wenn Sie ein altes Nachttischlämpchen (ohne Lampenschirm) mit einer 25 Watt Birne bei geschlossener Türe in den Backofen stellen. Eine spezielle Wärmelampe kann man im Reformhaus erhalten.
Die in den Rezepten genannten Gehzeiten können nur Anhaltspunkte darstellen, denn sie hängen von der Umgebungswärme ab. Ist Ihr Teig nach der angegebenen Zeit noch nicht genügend aufgegangen – keine Panik. Gönnen Sie ihm noch ein wenig Ruhe und backen Sie ihn erst, wenn er das nötige Volumen erreicht hat.

# So bleibt Ihr Brot **frisch**

Sie werden feststellen, dass Vollkornbrote wesentlich länger frisch und aromatisch bleiben als Brote aus Auszugsmehlen, und sie schimmeln auch nicht so schnell. Aus der Reihe der Vollkornbrote halten Brote mit hohem Roggenanteil den Frischerekord. Lagern Sie Ihr selbst gebackenes Brot kühl und luftig und mit der Schnittfläche nach unten; z. B. im Römertopf oder in einem Keramikbehälter.
Darin hält sich Ihr Brot problemlos bis zu einer Woche. Vergessen Sie aber nicht, den Behälter gründlich zu säubern, bevor Sie frisches Brot hineinlegen. Verwenden Sie keinesfalls Plastikbeutel, denn darin staut sich Feuchtigkeit, und es kommt zur Schimmelbildung. Wenn Sie auf Vorrat backen wollen, steht der Lagerung in der Tiefkühltruhe nichts im Wege; Nährwert und Qualität bleiben voll erhalten. Frieren Sie die völlig ausgekühlten Brote dicht mit Lebensmittelfolie umwickelt ein. Für den Ein- oder Zweipersonenhaushalt empfiehlt es sich, einen Teil des Brotes aufzuschneiden und in Zwei-Scheiben-Päckchen einzufrieren. Vor dem Auftauen muss die Folie sofort entfernt werden.

# Was tun, wenn's mal **schief** läuft?

| Brotpanne | Was ist der Grund? | Was kann man tun? |
|---|---|---|
| **Der Hefeteig geht nicht auf** | • Die Hefe ist nicht mehr frisch<br>• Der Ort zum Gehen ist zu kühl oder zu heiß (über 40°)<br>• Die Zutaten waren zu kühl<br>• Die Hefebakterien wurden beim Anrühren mit zu heißer Flüssigkeit abgetötet | • Siehe Kapitel »Wärmequellen«<br>• Beim nächsten Mal die Flüssigkeit in einem Töpfchen leicht anwärmen; Eier in heißes Wasser legen<br>• Teig flach ausrollen, gleichmäßig mit 1—2 TL Weinsteinbackpulver bestreuen, gut durchkneten und sofort backen |
| **Der Sauerteig geht nicht auf** | • Der Ort zum Gehen ist zu kühl oder zu heiß (über 40°C)<br>• Die Wasserzugabe war zu heiß<br>• Es wurde zu wenig Sauerteigansatz verwendet | • Siehe Kapitel »Wärmequellen«<br>• Einen Würfel Hefe in etwas warmem Wasser auflösen und in den Teig einarbeiten<br>• Beim nächsten Mal einen Esslöffel mehr Sauerteigansatz hinzufügen |
| **Das Brot reißt auseinander** | • Der Teig ist ausgetrocknet | • Teig vor dem Gehen befeuchten und abdecken<br>• Beim Backen ein Gefäß mit Wasser dazustellen |
| **Das Brot fällt in der Mitte etwas ein** | • Die Hefe war nicht mehr frisch<br>• Der Teig ist zu lange gegangen | • Auf das Verfallsdatum achten<br>• Sobald der Teig das vorgesehene Volumen erreicht hat, backen |
| **Das Brot läuft beim Backen auseinander** | • Der Teig war zu weich<br>• Die Zutaten wurden nicht gründlich genug verknetet | • Das nächste Mal weniger Flüssigkeit oder mehr Mehl zugeben oder den Teig in der Form backen<br>• Nächstes Mal den Teig gut durcharbeiten |
| **Das Brot wird zu dunkel** | • Zu hohe Oberhitze | • Mit Alufolie abdecken<br>• Beim nächsten Mal eine geringere Temperatur einstellen, dafür länger backen |
| **Das Brot ist auf der Unterseite noch zu blass** | • Zu geringe Unterhitze | • Das Brot wenden und auf dem Rost noch 5–10 Minuten backen |
| **Das Brot ist nicht durchgebacken** | • Zu kurze Backzeit | • Beim nächsten Mal den »Klopftest« machen<br>• Das Brot sollte hohl klingen, wenn man mit den Knöcheln »anklopft«. Andernfalls die Backzeit verlängern<br>• Brot vor dem Verzehr im Toaster rösten |

# Brote für Eilige

Für Leute, die mit Arbeit überhäuft sind, die aber trotzdem nicht auf ihr selbst gebackenes, gesundes Brot verzichten wollen, ist der Backautomat der ideale Partner. Sie müssen nur die Zutaten bereitstellen, in der vorgeschriebenen Reihenfolge in den Backbehälter einfüllen, das passende Programm wählen und den Startknopf drücken. Alles Übrige erledigt der Backautomat: das Anwärmen der Zutaten, das Kneten, die Überwachung der Ruhezeiten und der Backzeit. Bequemer geht's nicht – und die Brote stehen den handgefertigten in nichts nach.
Die in diesem Buch vorgestellten Rezepte für den Backautomaten sind für Brote mittlerer Größe, d. h. von etwa 1000 g, berechnet – ausreichend für eine vierköpfige Familie. Singles können sich einen kleinen Vorrat einfrieren, und größere Familien backen halt mal öfter; für das Team Hausfrau oder -mann und Backautomat ist das kein Problem.
Alle Brote wurden im Backmeister 8650 der Firma Unold gebacken, doch falls Sie ein Gerät eines anderen Herstellers besitzen, haben Sie gewiss schon so viel Erfahrung gesammelt, dass Sie die vorliegenden Rezepte ohne weiteres auch in Ihrem Backautomaten verwerten können. Beachten Sie auf jeden Fall die Gebrauchsanweisung Ihres Geräts!

## Der Backautomat – wie er aussieht und was er kann

Der Backautomat besitzt einen rechteckigen, antihaftbeschichteten Backbehälter, mit dem Sie Kastenbrote in handelsüblicher Form erhalten. Je nach Modell kneten ein oder zwei kräftige Knetschaufeln den Teig, sodass eine gute Durchmischung erzielt wird. Mit der Taste »MENUE« (IV.) wählt man verschiedene Programme an, mit denen das Gerät vollautomatisch Hefe- und Sauerteigbrote sowie Backpulverkuchen

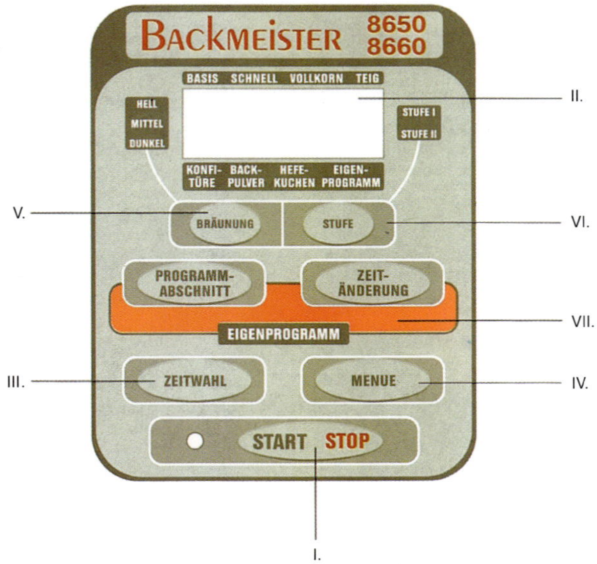


**Das Bedienfeld des »Backmeister 8650« und »8660«. Die Bedienfelder anderer Backautomaten können hiervon geringfügig abweichen. Bitte beachten Sie die jeweiligen Gebrauchsanweisungen.**

herstellt oder auch Teige zur Weiterverarbeitung vorbereitet, z. B. für Brötchen oder Fladenbrote. Die Bräunungsgrade hell, mittel oder dunkel können mittels der entsprechenden Taste (V.) eingestellt werden, und beim Backmeister 8650 dient die Taste »STUFE« (VI.) zur Einstellung des Programmablaufs bei kleineren bzw. größeren Teigmengen oder leichteren bzw. schwereren Teigen. Ein weiteres Programm (VII.) ermöglicht die Zeitdauer des Knetens, des Aufgehens oder des Backens zu verkürzen oder zu verlängern, und mit dem Timer (III.) können Sie bestimmen, wann Ihr Brot frisch gebacken auf den Tisch kommt. Die Taste »START/STOP« (I.) dient zum Starten und zum Abbrechen des Programmablaufs, und das Display (II.) erlaubt die Überprüfung der Einstellungen und die Beobachtung des Programmablaufs.

## Auf das richtige Einfüllen kommt's an

Beim Backautomaten ist es wichtig, zuerst die flüssigen Zutaten, wie Wasser, Milch, Buttermilch, Sauermilch, Jogurt und Ähnliches, sowie Eier und geschmolzene Butter in die Backform zu geben und anschließend erst die Mehlmischungen mit den Gewürzen. Treibmittel wie Hefe oder Sauerteigextrakt kommen immer zum Schluss auf das Mehl. Vom Hersteller wird empfohlen, Extra-Zutaten wie Rosinen, Nüsse, Kerne, Orangeat und Zitronat erst beim Piepston, der während des Knetvorgangs ertönt, hinzuzufügen; nötig ist es jedoch nicht. Ein besseres Vermischen mit dem Teig erfolgt, wenn diese Zutaten schon vor dem Einfüllen gleich unter das Mehl gemischt werden. Weiche Zutaten wie Rosinen nehmen dann keinen Schaden.

## Gluten: Damit Ihr Brot gut aufgeht

Grundsätzlich können für Brote aus dem Backautomaten die gleichen Zutaten verarbeitet werden wie für Brote aus dem Backofen. Da im Backautomaten jedoch weniger Oberhitze entsteht als im Backofen, kann das Brot in der Mitte leichter einfallen. Das ist zwar nur ein kleiner Schönheitsfehler und beeinflusst weder die Qualität noch den Geschmack des Brotes, doch diesem Manko kann man durch Beifügen von 1 – 2 Esslöffeln Gluten (Weizenklebereiweiß) sehr gut entgegenwirken. Der Zusatz lässt den Teig besser aufgehen und sorgt dafür, dass er auch beim Backen seine Konsistenz behält. Die Zugabe von Gluten ist besonders dann von Nutzen, wenn Mehle verwendet werden, die wenig oder gar kein Klebereiweiß enthalten, oder wenn der Teig schwere Zutaten wie Nüsse, Rosinen und Orangeat enthält.

## Sauerteigbrote im »Blitzverfahren«

Während Sie mit den Originalrezepten lernen, wie Sie Sauerteigbrote auf die klassisch-traditionelle Weise – mit langen Gär- und Ruhephasen – herstellen können, werden Ihnen für den Backautomaten Sauerteigbrote im »Blitzverfahren« vorgestellt. Bei diesen Rezepten wird der Vegetamin Sauerteigextrakt verwendet, der das Brot natürlich säuert und für eine schnelle Aufschließung des Mehleiweißes sorgt. Ein Würfel Frischhefe lockert den Teig auf und beschleunigt die Treibkraft des Sauerteigextrakts. Mit Vollkornmehl schmecken die Sauerteigbrote besonders herzhaft.

# Backen
## ohne Knetschaufel

Die Knetschaufel kann vor dem letzten Aufgehen leicht herausgenommen werden. Errechnen Sie den richtigen Zeitpunkt anhand der Tabelle »Programmablauf« in der Gebrauchsanweisung. Dann heben Sie den Backbehälter heraus und schieben mit einem bemehlten Spatel den Teig von einer Schmalseite der Backform zur Mitte. Die Schaufel entnehmen, eventuell anhaftende Teigreste vom Stift, d. h. der Halterung der Knetschaufel, mit einem Küchenpapier abwi-

schen und den Stift mit etwas Butter einfetten. Wenn Sie ein Modell mit zwei Knetern besitzen, verfahren Sie ebenso mit der anderen Knetschaufel. Sollte Ihnen das zu umständlich sein, spricht nichts dagegen, den Teig auf die Arbeitsplatte zu stürzen und ihn nach dem Abziehen der Schaufel bzw. der Schaufeln und dem Einfetten des Stiftes oder der Stifte wieder zurück in den Behälter zu drücken. Während des Aufgehens darf die Backkammer nicht mehr geöffnet werden, da sonst das Brot einfallen kann. Falls Sie das Entfernen der Schaufel/n vergessen haben oder sie vor dem Backen nicht herausholen möchten, nehmen Sie den mitgelieferten Haken zu Hilfe. Stecken Sie ihn auf der Unterseite des noch warmen Brotes in die Öffnung des Kneters und verkanten Sie ihn. Wenn Sie den Kneter vorsichtig hochziehen, können Sie erkennen, an welcher Stelle die Schaufelkante sitzt. Dort schneiden Sie mit einem scharfen Messer die Kontur nach und ziehen die Schaufel heraus.

## *Backen mit dem Automaten – auf einen* ***Blick***

***Einfüllen der Zutaten:*** *Die Zutaten müssen in der im Rezept vorgegebenen Reihenfolge in die Backform gefüllt werden.*
***Einsetzen der Backform:*** *Die Backform so in die Halterungen der Backkammer drücken, dass sie einrastet.*
***Programmablauf wählen:*** *Die Menütaste wiederholt drücken, bis der Pfeil auf das im Rezept angegebene Programm zeigt. Mit den entsprechenden Tasten den gewünschten Bräunungsgrad einstellen und Stufe I oder II wählen. Mit der Starttaste das Programm aktivieren; der automatische Programmablauf beginnt.*
***Vorwärmen:*** *Die Zutaten werden angewärmt.*
***Teig mischen und kneten:*** *Der Backautomat mischt und knetet den Teig automatisch so lange, bis er die richtige Konsistenz hat. Während des Knetvorgangs ertönen Pieptöne, die anzeigen, dass noch Extra-Zutaten wie Rosinen, Nüsse usw. beigefügt werden können. Diese Ingredienzen kann man jedoch ohne weiteres – unter das Mehl gemischt – zu Beginn in die Form geben.*
***Ruhezeit:*** *Nach dem Kneten kann während einer Ruhephase die Flüssigkeit das Mehl langsam durchdringen.*
***Aufgehen des Teigs:*** *Der Backautomat erzeugt die optimale Temperatur zum Gehen des Teigs. Vor dem letzten Aufgehen kann man die Kneter auf Wunsch entfernen.*
***Backen:*** *Der Backautomat reguliert die Backtemperatur und -zeit automatisch.*
***Ende/Warmhalten:*** *Wenn das Brot fertig ist, ertönen Pieptöne, die darauf aufmerksam machen, dass das Brot entnommen werden kann. Gleichzeitig beginnt eine Warmhaltezeit von einer Stunde.*

# Wenn's nicht klappt – **Fehler**beseitigung

| Brotpanne | Was ist der Grund? | Was kann man tun? |
|---|---|---|
| **Der Teig ist zu weich oder klebrig** | • Der Teig enthält zu viel Flüssigkeit | • Während des Knetens löffelweise Mehl hinzufügen, bis der Teig geschmeidig wird |
| **Der Teig lässt sich schwer kneten** | • Der Teig ist zu trocken | • Während des Knetens löffelweise Wasser hinzufügen, bis der Teig geschmeidig wird |
| **Der Hefeteig geht nicht auf** | • Die Hefe ist nicht mehr frisch<br>• Die Hefepilze wurden mit zu heißer Flüssigkeit abgetötet | • Auf das Verfallsdatum achten<br>• Das Anwärmen dem Backautomaten überlassen |
| **Das Brot geht zu stark auf** | • Es wurde eine zu große Menge an Zutaten verwendet | • Auf die richtige Menge Hefe, Flüssigkeit und Mehl achten |
| **Das Brot geht nicht oder nicht genug auf** | • Es wurde zu wenig Treibmittel – Hefe oder Sauerteig – verwendet | • Auf ausreichenden Zusatz von Treibmitteln achten<br>• Beachten Sie, dass bei einem hohen Anteil an Roggenmehl Sauerteig zugesetzt werden muss |
| **Das Brot fällt während des Backens ein** | • Die Hefe war nicht mehr frisch<br>• Die Wassertemperatur war zu hoch<br>• Der Teig war zu feucht<br>• Dem Mehl fehlt Kleber | • Auf das Verfallsdatum achten<br>• Achten Sie auf die Temperatur der Flüssigkeit<br>• Verringern Sie die Flüssigkeitsmenge<br>• Geben Sie 1 Esslöffel Weizenkleber auf 500 g Mehl zu |
| **Das Brot ist nicht richtig durchgebacken** | • Zu viel oder zu wenig Flüssigkeit wurde zugegeben<br>• Falsches Programm gewählt | • Messen Sie die Flüssigkeit genau ab<br>• Beim nächsten Mal die richtige Programmeinstellung wählen<br>• Die Brotscheiben im Toaster rösten |
| **Das Brot lässt sich schwer aus der Form nehmen** | • Die Unterseite des Brotes hängt am Kneter fest; die Knetschaufeln wurden nicht gründlich gesäubert | • Das Brot im Behälter 10 Minuten auskühlen lassen<br>• Die Backform umdrehen und den Knetantrieb am Boden leicht hin- und herbewegen, sodass sich das Brot aus der Form löst. Die Knetschaufel/n mit Hilfe des mitgelieferten Hakens vorsichtig aus dem Gebäck ziehen<br>• Die Kneter vor dem Backen mit Öl einreiben oder entfernen |

# Köstliche
## Brotaufstriche und Beläge

Herrlich duftendes, selbst gebackenes Brot – und was dazu? Wer jahrelang fingerdick mit Wurst belegte, gummiartige Brötchen in sich hineingestopft hat und schließlich gesundheitlich aufgeklärt und geläutert dieser Art von »Fleischeslust« abgeschworen hat, steht häufig vor dieser Frage. Die industriell hergestellten Marmeladen, Schoko- und Nusscremes sind nicht jedermanns Geschmack und wenn, dann hat man sie auch bald schon über, weil sie im Zuckergehalt kaum zu überbieten sind. Die ewigen Butter- und Käsebrote und die vorgefertigten Quarkaufstriche bringen nur wenig Abwechslung aufs Brot. Zwar gibt es da noch vegetarische Brotaufstriche, die eher unappetitlich aus Tuben und Dosen quellen, oder solche, die in verstaubten Gläsern im hintersten Winkel eines Verkaufsregals im Supermarkt zu finden sind. Aber dies sind keine Alternative, denn es handelt sich dabei durchweg um denaturierte Nahrungsmittel. So hat man sich das eigentlich nicht vorgestellt. Was nun? – Ganz einfach: Machen Sie Ihre Brotaufstriche und -beläge selbst!

## Da weiß man, was man hat

Von nun an schmiert Ihnen niemand mehr Konservierungsmittel, Geschmacksverstärker und andere synthetische Zusätze aufs Brot. Unverfälschte Lebensmittel sind die Grundsubstanzen der Köstlichkeiten, die Sie von nun an selbst zubereiten. Auf dem Markt und im Naturkostladen finden Sie alles, was Sie dazu benötigen: Obst, Gemüse, Kerne und Nüsse, Keime und Sprossen, gesunde Milchprodukte und wertvolle Öle und Fette – alles, was die Natur zu bieten hat.

## Eine Frage des Geschmacks

Daraus entstehen herzhaft pikante Brotaufstriche und delikate Beläge, die Mettwurst, Salami & Co. als geschmacklich langweilige Esstorheiten entlarven. Anstelle des industriell vorgefertigten Einheitsbreis und fragwürdiger Wurstwaren gibt's von nun an kulinarische Leckerbissen: mild Cremiges, exotisch Würziges und verlockend Süßes – eine bunte, appetitanregende Vielfalt für Ihr täglich Brot.

## Es ist so **einfach**

Wer sie einmal gekostet hat, will nicht mehr darauf verzichten. Das muss er auch nicht, denn es ist so einfach, köstliche Brotaufstriche und -beläge selbst zuzubereiten: Ein bis zwei Blättchen grüner Salat aufs Butterbrot, obenauf ein Klecks Crème fraîche, mit Zitrone, Salz und Pfeffer angerührt, und in das würzige Sahnebett frisches, buntes Gemüse gelegt, wie Tomaten-, Gurken- oder Rettichscheibchen – und fertig ist ein köstliches, gesundes Sandwich, das jeden »Big-Mac« in den Schatten stellt. Und wenn's denn doch ein »Burger« sein muss? Kein Problem. Aus Getreide und Hülsenfrüchten lassen sich pikante Frikadellen herstellen, die durch ihren würzigen Geschmack und ihr frisches Aroma jedes Fleischpflanzerl vergessen lassen. Sie müssen über keine außerordentlichen Kochkünste verfügen, um Burger, Käsecremes oder Gemüsepasten herzustellen; es geht schneller als beim Metzger Schlange zu stehen, ist preiswerter, und Ihre selbst gemachten Aufstriche halten sich im Kühlschrank garantiert länger als jede Wurstware. Kein Grund also, auf diese gesunden Leckereien noch länger zu verzichten. Legen Sie gleich los; bringen Sie Abwechslung aufs Brot! Ihren Gaumen wird's erfreuen, Ihre Gesundheit wird es Ihnen danken!

## Vom **Sandwich** zum **Burger**

*Das gute alte Sandwich hat schon mehr als 200 Jahre auf dem Buckel. Es verdankt seinen Namen John Montagu, 4. Earl of Sandwich, der von 1718 – 1792 in England lebte. Der Graf soll ein leidenschaftlicher und famoser Glücksspieler gewesen sein, der oft tage- und nächtelang hindurch spielte. Es wird ihm nachgesagt, er habe sich, wenn er hungrig war, kaltes Beefsteak auf Toast servieren lassen, um sein Spiel nicht wegen des Diners unterbrechen zu müssen.*

*Das Sandwich gelangte – wie kann's auch anders sein – von England aus in die USA. Dort machte man im Laufe der Zeit mehr aus dem schlicht belegten Brot. Viele Amerikaner betrachteten ein Sandwich schon immer als Ersatz für eine aufwendig zubereitete Mahlzeit. Das brachte schlaue Besitzer von Fast-Food-Restaurants eines Tages auf die grandiose Idee, heiße Frikadellen auf mit Salatblättern belegte Brötchen zu setzen und mit Senf oder Tomatenketchup anzubieten – das Zeitalter der „Burger" und der „Macs" war angebrochen.*

# Gesunde Zutaten für **köstliche** Aufstriche

Nur wenn alle lebenswichtigen Vitalstoffe in unserer Nahrung enthalten sind, können die komplexen Stoffwechselvorgänge unseres Körpers einwandfrei funktionieren. Selbst gemachte Brotaufstriche bestehen aus frischen, naturbelassenen Lebensmitteln, die noch alle Vitalstoffe in reaktionsfähiger Form enthalten. Und auch die Mini-Pizzas, Quiches und Knuspernäpfchen, die ich Ihnen in diesem Buch vorstelle, werden nur kurz erhitzt, sodass alle lebenswichtigen Vitalstoffe erhalten bleiben. Deshalb: Je häufiger Sie Ihre gewöhnlichen Brotaufstriche und Wurst durch selbst zubereitete Cremes, Pasten und Beläge ersetzen oder auf die leckeren überbackenen Brote zurückgreifen, desto besser für Ihre Gesundheit.

## Körner, **Samen** und Nüsse

Getreide, Nüsse und Samen sind für die menschliche Ernährung von größtem physiologischen Wert. Sie bergen in sich die gesamte Lebensenergie der Pflanzen, die zur Bewahrung ihrer Art erforderlich ist. Durch ihren Vitalstoffreichtum wecken sie unsere Lebensgeister und bringen unseren Stoffwechsel in Schwung.

## **Keimlinge** – kleine Vitalstofffabrik

Die biologischen Wirkstoffe von Keimlingen können vom Körper ganz besonders gut verwertet werden. Die gewaltige Enzymproduktion, die der Keimungsprozess in den kleinen Körnern auslöst, bewirkt in unserem Stoffwechselgeschehen eine erhöhte Enzymtätigkeit, die hervorragend zur Regeneration aller Gewebe beiträgt. Durch den Keimvorgang steigt der Vitamingehalt innerhalb von zwei bis drei Tagen explosionsartig an. Darüber hinaus sind Keimlinge besonders reich an mehrfach ungesättigten Fettsäuren.

## **Käse**, Quark und Eier

Käse, Quark und Eier haben durchaus ihren Platz in der ovo-lacto-vegetarischen Ernährung. Doch da sie ebenso wie die übrigen tierischen Produkte (Fleisch und Fisch sowie Produkte daraus) aufgrund ihres hohen Gehalts an tierischem Eiweiß stark Säure bildend wirken, sollte der Verzehr nicht übertrieben werden. Neueste wissenschaftliche Erkenntnisse haben ergeben, dass Milchprodukte (außer Butter, Rahm und Crème fraîche, die nur Spuren von Eiweiß enthalten) aufgrund ihrer Säurebildung eher als Kalziumräuber, denn als Kalziumbausteine für den Knochenbau wirken, da der Körper aus seinen Mineralstoffdepots, dem Skelett und den Zähnen, Mineralsalze zur Verfügung stellen muss, um die Säure neutralisieren zu können.

## Naturfette – **Grundlage** für gesunde Brotaufstriche und belegte Brote

Unter die Brotbeläge gehört natürlich ein Aufstrich. Mal genügt eine Schicht Butter, ein anderes Mal kommt der Geschmack des Belages erst auf einer würzigen Unterlage so richtig zur Geltung, die aus Crème fraîche oder Sahnequark besteht, insbesondere wenn der Belag selbst kein Fett enthält. Und auch viele der selbst gemachten Brotaufstriche erhalten ihren Geschmack und ihre Geschmeidigkeit durch den Zusatz von Fetten.
Fette werden zum Problem, wenn wir zu viel von den falschen essen. Daher sollten wir keinesfalls auf die gewöhnlichen, fabrikatorisch und mittels Chemie hergestellten Speiseöle und Fette wie Margarine und Kokosfett zurückgreifen. Unser Organismus braucht zum gesunden Stoffwechsel Naturfette: Kalt gepresste Öle, Milchfette und Fette, die in Nüssen enthalten sind. Lebenswichtige Vitalstoffe wie etwa die Vitamine A, D, E und K können ihre Funktionen in unserem Organismus nur ausüben, wenn auch Fett vorhanden ist. Milchfette weisen einen hohen Gehalt an Vitamin A und D auf, während pflanzliche Öle, Nüsse und Getreidekeimlinge ausnehmend viel Vitamin E enthalten. Vitamin K findet sich vorwiegend in grünem Gemüse.

## Fett macht **nicht** fett

Wer abnehmen möchte, vermeidet alles, was Fett enthält. Doch die Fettpölsterchen stört das wenig; sie halten eisern ihre Stellung. Das frustriert den Übergewichtigen; er nimmt es noch strenger mit der Fetteinschränkung. Zwar nimmt er von nun an kein sichtbares Fett mehr zu sich, dafür aber versteckte Fette, die überdies noch denaturiert sind, d.h. weitgehend frei von Vitalstoffen. Das hat fatale Auswirkungen: Der Körper wird nicht mehr ausreichend mit den Vitaminen A, D, E und K versorgt, da zu deren Verwertung naturbelassene Fette unerlässlich sind. Außerdem kommt es zu Unterversorgung von mehrfach ungesättigten Fettsäuren, deren Träger die Fette selbst sind.

## Keine Angst vor **Cholesterin**

Früher, als man noch von Naturprodukten wie Obst, Gemüse, Vollkornbrot und Milchprodukten lebte und sich allenfalls am Sonntag ein Stück Braten leistete, gab es kein Cholesterinproblem. Die vollwertige Ernährung war der beste Schutz vor Stoffwechselstörungen, welche heute die wirkliche Ursache für die Hypercholesterinämie darstellen.
Nach wie vor sind Ärzte und Patienten bezüglich des Butterverzehrs verunsichert, obwohl der bekannte Ernährungswissenschaftler und Internist Prof. Dr. M. O. Bruker die Öffentlichkeit schon seit Jahrzehnten immer wieder darauf hinweist, dass dieses wertvolle Lebensmittel zu Unrecht verunglimpft wird. Ancel Keys, der die Fett-Arteriosklerose-Herzinfarkt-Theorie entwickelte, räumte bereits 1970 ein: »Es wurden keine signifikanten Zusammenhänge zwischen der Ernährung und dem Cholesterinblutwert einerseits und dem Auftreten von koronaren Herzerkrankungen andererseits gefunden.«
Wir brauchen uns also das Naturfett Butter, das, wie der Nahrungsmittelhistoriker Moriz Heyne schreibt, seit urgermanischen Zeiten den Fettbedarf der Menschen deckte und somit seinen gesundheitsfördernden Wert belegen konnte, nicht ausreden zu lassen. Butter ist besonders gut verträglich. Sie ist das einzige Fett, das der Leber Umwandlungsprozesse erspart, denn sie kann vom Körper direkt verwertet werden.

## Der **Fettgehalt** von Brotaufstrichen und -belägen

Fette sind Geschmacksträger und bewirken, dass wir die Speisen mit Appetit essen. Da Öle, Butter, Sahne oder Crème fraîche mit der mehrfachen Menge an weiteren Zutaten vermengt oder ergänzt werden, reduziert sich der Fettgehalt des Brotaufstrichs oder -belags entsprechend. Wenn man bedenkt, dass der Fettanteil bei manchen Wurstsorten bis zu 70 Prozent beträgt und die Brotscheiben vor dem Belegen mit reichlich Wurst noch mit Fett bestrichen werden, dann ist der Fettgehalt vegetarischer Brotaufstriche vergleichsweise gering.

## Vitamin- und **Enzymgehalt** von Brotaufstrichen und -belägen

Wer das Glück hat, unpasteurisierte Milchprodukte beim Biobauern kaufen zu können, dem stehen alle Zutaten zur Herstellung von Brotbelägen in nativer, d.h. natürlicher, lebendiger Form zur Verfügung. Unbehandelte Milchprodukte sind jedoch sehr selten zu bekommen, daher müssen wir uns mit den im Handel erhältlichen begnügen und unser Augenmerk auf die Frische und Reaktionsfähigkeit der übrigen Zutaten richten.
Da für die Brotaufstriche und -beläge die Lebensmittel weitgehend in unerhitzter Form verwendet oder nur kurzfristig erhitzt werden, stellen die in diesem Buch vorgestellten Köstlichkeiten Vitalstofflieferanten par excellence dar.

## Grundrezepte und
# Zutaten

Wenn Sie gutes, selbst gebackenes Brot zu Hause haben, dazu noch etwas frisches Gemüse oder Früchte, Nüsse, Gewürze, Butter, Crème fraîche oder Öl, dann sind Sie auch für überraschende Besuche gewappnet. Aus einfachen Grundzutaten lassen sich im Nu die köstlichsten Brotaufstriche und -beläge zaubern, mit denen Sie Ihre Gäste verwöhnen können.
Die meisten der in diesem Buch vorgestellten Brotaufstriche und auch einige der Beläge, wie etwa Burger, lassen sich sogar einfrieren. Legen Sie sich daher einen kleinen Vorrat zu. Im Tiefkühlschrank halten sich die Cremes, Pürees und Pasten mehrere Wochen lang.

## Das sollten Sie **immer** vorrätig haben

Natürlich könnten Sie die nachfolgenden Grundzutaten auch kaufen, doch da wir so weit wie möglich auf denaturierte Lebensmittel verzichten wollen, empfiehlt es sich, sie selbst zuzubereiten. Das ist einfacher, als Sie denken, und Sie haben damit immer die Grundlage für leckere Brotaufstriche parat.

### Italienisches Pesto

50 g Cashewkerne, gemahlen
50 g Pinienkerne, gemahlen
4 Knoblauchzehen, gehackt
frische Kräuter (1 Bund Basilikum, 2 EL Oregano, 4 EL Petersilie, 3 EL Majoran, 1 EL Thymian), fein gehackt
50 g Grana Padano, gerieben
50 g Pecorino Romano, gerieben
etwa 15 EL Olivenöl
1/2 TL Pfeffer aus der Mühle

Alle Zutaten bis auf das Öl gut mischen. Nach und nach so viel Öl unterrühren bis eine homogene Masse entsteht.

### Tomatenketchup

150 g Gemüsezwiebeln, fein geschnitten
3 EL Öl
1/2 EL Essig oder Zitrone
2 TL Frugola
1,5 kg Tomaten, geviertelt
1 TL Kräuterpulver
5 TL Paprikapulver, edelsüß
1 TL Rosenpaprikapulver
3 EL Honig
3 EL Tomatenmark
Pfeffer aus der Mühle
1–2 TL Kräutersalz

Zwiebeln in Öl glasig dünsten. Essig, Frugola und Tomaten hinzufügen und im offenen Topf 10 Minuten leise köcheln. Alles in ein grobes Sieb geben und die Flüssigkeit ablaufen lassen. Das zurückbleibende Mus gründlich pürieren. Die übrigen Zutaten hinzufügen und mit Salz, Pfeffer, Honig und Essig abschmecken. Gekühlt ist das Ketchup mindestens vier Wochen haltbar.

### Ingwer in Sirup

250 g frische Ingwerwurzel, geschält
Saft einer großen Zitrone
3/4 l Wasser
8 cm Stangenzimt
8 Nelken
200 g Kandiszucker

Die Ingwerwurzel in kleine Stückchen schneiden, in einen kleinen Topf geben, 1/2 l Wasser und Zitronensaft hinzufügen und 15 Minuten lang köcheln lassen.
Für den Sirup 1/4 l Wasser zusammen mit Stangenzimt und Nelken erhitzen und unter ständigem Rühren den Kandiszucker darin auflösen.
Die abgetropften Ingwerstücke in die Zuckerlösung geben und bei geringer Hitzezufuhr in geschlossenem Topf köcheln lassen. Gelegentlich umrühren und aufpassen, dass nicht zu viel Wasser verdunstet. Eventuell einen Esslöffel Wasser hinzufügen.
Nach 15 Minuten die Zimtstangen und die Nelken entfernen, den Ingwer mit dem Sirup vorsichtig in ein Glas mit Schraubdeckel füllen und sofort schließen.

# Bezugsquellennachweis für Zutaten

| | Reformhaus | Naturkostladen | Kräuter- und Samen-Laden | Asien- und Orient-Laden | Feinkostabteilung des Supermarkts |
|---|---|---|---|---|---|
| Agar-Agar | • | • | | | • |
| Ajwain (Oreganosamen) | | | | • | |
| Amaranth, Quinoa | • | • | | • | • |
| Arrowroot (Pfeilwurz) | • | • | | | • |
| Bambussprossen | | | | • | • |
| Bioreal Backhefe | | • | | | |
| Bockshornklee | • | • | • | | |
| Bourbon-Vanillepulver | • | • | • | | • |
| Brotklee | • | • | • | | |
| Cenovis Gemüsebrühe | • | | | | |
| Delikata, Picata | • | | | | |
| Delifrut | • | | | | |
| Frugola Gemüsebrühe | • | | | | |
| Getreide aus Biolandbau | • | • | | | • |
| Gewürze | • | • | • | • | • |
| Gluten (Weizenkleber) | • | • | | | • |
| Hefeflocken | • | • | | | • |
| Ingwerwurzel, frisch | • | • | | • | • |
| Karobe (Johannisbrotmehl) | • | • | • | | • |
| Korianderkraut, frisch | | | | • | |
| Tahin (Sesampaste) | • | • | | • | • |
| Vegetamin Sauerteigextrakt | | • | | | |
| Vegetamin Trockenhefe | • | • | | | |
| Weinsteinbackpulver | • | • | | | |

# Die unentbehrlichen **Küchen**helfer

Für die Herstellung leckerer Brotaufstriche brauchen Sie nicht viel Zubehör, und das meiste wird ohnehin in Ihrer Küche vorhanden sein. Wollen Sie gleich größere Mengen von unterschiedlichen Brotaufstrichen zubereiten – indem Sie einfach die mehrfache Menge des Rezepts verwenden –, dann können Sie zu einer Küchenmaschine mit Rührwerk sowie Gemüse- und Nussraffel greifen. Vor allem bei pikanten Nusscremes und anderen Aufstrichen auf Butterbasis oder bei Burgern lohnt es sich, einen Vorrat anzulegen, den Sie im Kühlfach oder der Tiefkühltruhe einlagern können. Bei vielen Aufstrichen und Belägen, die frisch verzehrt werden sollten oder von denen man nur kleine Mengen benötigt, leisten allerdings kleine Küchenhelfer gute Dienste. Sie sind mühelos und schnell einsetzbar und überdies leichter zu reinigen. Wenn Sie erst einmal auf den Geschmack gekommen sind und deshalb künftig nur noch Selbstgemachtes auf Ihr Brot haben möchten, dann sollten Sie sich das ein oder andere Utensil noch zulegen.

Wichtig ist vor allem eine **Nussmühle**, in der Sie mühelos Nüsse, Mandeln und Samen zu feinem Mehl verarbeiten können. Nur wenige Getreidemühlen mahlen auch die fetthaltigen Nüsse. Frische Kräuter verfeinern jeden Brotbelag, daher ist die **Kräutermühle (1)** unersetzlich. Sie verarbeitet alle Küchenkräuter im Handumdrehen zu feinen Schnipseln.

Für kleine Mengen an zu verarbeitendem Gemüse ist der **Handhobel (2)** ein unentbehrlicher Helfer. Achten Sie beim Kauf darauf, dass unterschiedlich feine Reibeflächen eingesetzt werden können.
Die **Knoblauchpresse (3)** liefert sowohl tropfenweise Saft als auch fein zerdrücktes Mus.
Mit dem elektrischen **Pürierstab (4)** verarbeiten Sie mühelos Nüsse, Mandeln und Samen zu feinem Mehl und – wenn Sie keine Getreidemühle besitzen – Ihr Getreide für Burger zu Schrot.

## Das Auge **isst** mit

Eher unwahrscheinlich, dass Sie Ihr Frühstücksbrot aufwendig garnieren, denn dazu fehlt gewöhnlich die Zeit. Mit den richtigen Werkzeugen allerdings wäre auch das im Nu geschehen.
Für Gäste, für Partysnacks oder um den Appetit kleiner und größerer Kinder richtig anzufachen, lohnt sich der Aufwand. Garnieren macht Spaß. Haben Sie's erst einmal ausprobiert, dann stellen sich mit den bunten, abwechslungsreichen Brotbelägen eigene Kreationen von alleine ein. Damit es Ihnen leicht gelingt, sollten Sie folgende Utensilien zu Hause haben:

Einfache **Förmchen (5)**, die auch zum Teigausstechen bei der Weihnachtsbäckerei verwendet werden, eignen sich auch, um Brotscheiben in Form zu bringen.
Gute Dienste leistet eine **Schneidezange (6),** mit der man Radieschen in kleine Röschen verwandelt, die erst so richtig »erblühen«, wenn man sie nach dem Schneiden ins Wasser legt.
Der **Eierschneider (7)** bringt präzis geschnittene Scheibchen hervor.

Eine **Pfeffermühle** gehört eigentlich in jede Küche, ebenso wie die **Muskatreibe**. Bunter Pfeffer, frisch aus der Mühle, sieht nicht nur dekorativ aus, sondern schmeckt auch gut, und die Muskatreibe eignet sich auch zum Reiben von Ingwer und Zitronenschale.
Mit dem **Dekoriermesser (8)** schneiden Sie mühelos dekorative Zackenränder in Naturschalen, in ausgehöhlte Paprika-, Melonen- und Fleischtomatenhälften oder in Schalen von Zitrusfrüchten. Legen Sie den Rand der Fruchtschale auf das Schneidebrettchen, setzen Sie das Dekoriermesser auf der Innenseite der Schale an und stechen Sie rundum Dreiecke von 0,5 – 1 cm Höhe aus. Die vorbereiteten Schalen füllen Sie dann mit leckeren Pasten und garnieren das Ganze mit Kräuterzweigchen. Last but not least ist der **Sahnebeutel (9)** ein wichtiges Hilfsmittel. Mit ihm lassen sich aus Käseschaum oder aus gewürzter Sahne dekorative Ornamente und Häubchen auf Häppchen oder belegte Brote spritzen.

## Das praktische **Keimgerät** der Minigarten am Fensterbrett

*Dieses nützliche und preiswerte Utensil ist eines der wichtigsten Zubehörteile in der vegetarischen Vollwertküche. In den etwas größeren Keimgeräten können Sie in drei übereinander liegenden Schalen gleichzeitig verschiedene Sorten von Getreide, Samen und Hülsenfrüchten bewässern und keimen lassen. Dem Keimgerät entnehmen Sie jeweils solche Keimlinge, die erntereif sind. Sie essen sie zusammen mit den gequollenen Samen, die ebenfalls reich an wertvollen Inhaltsstoffen sind. Keimlinge aus Dinkel, Weizen, Linsen, Alfalfa, Rettich, Senf und Kresse schmecken zu den vegetarischen Brotaufstrichen besonders lecker.*

MADE IN
GERMANY

# Knusprige Vollkornbrote

## *Würziges Landbrot mit Sonnenblumenkernkruste*

*Programm: Basis + Vollkorn*
*Stufe II*
*Backzeit: 3:40*

*400 ml lauwarmes Wasser*
*40 g geschmolzene Butter*
*1 TL Honig*
*200 g Roggenvollkornmehl*
*450 g Weizenvollkornmehl*
*2 EL Weizenkleber*
*15 – 20 g Vollmeersalz*
*1 TL Kümmel, ganz oder gemahlen*
*2 TL Koriander, gemahlen*
*100 g Sonnenblumenkerne*
*1 Würfel Biohefe, zerbröckelt*
*etwas Milch*
*2 EL Sonnenblumenkerne zum Bestreuen*

*Alle Zutaten außer der Milch und den Sonnenblumenkernen in der vorgegebenen Reihenfolge in den Backbehälter füllen.*
*Vor dem letzten Aufgehen auf Wunsch die Knetschaufeln entfernen (siehe Seite 20), den Teig mit Milch bestreichen und die Sonnenblumenkerne fest andrücken.*

# Würziges Landbrot mit Sonnenblumenkernkruste

**Für 1 Laib**
300 g Roggenvollkornmehl
700 g Weizenvollkornmehl
2 TL Kümmel, ganz oder gemahlen
3 – 4 TL Vollmeersalz
2 TL Koriander, gemahlen
100 g Sonnenblumenkerne
50 g zimmerwarme Butter
600 ml lauwarmes Wasser
2 TL Honig
1 Würfel Biohefe
3 EL Milch zum Bestreichen
etwa 100 g Sonnenblumenkerne zum Bestreuen
Mehl für die Arbeitsfläche

1. Mehl, Gewürze und Sonnenblumenkerne mischen. Die Butter und die in Wasser verrührte Hefe mit Honig hinzufügen und alles etwa 10 Minuten lang zu einem geschmeidigen Teig verkneten.
2. Die Schüssel mit Plastikfolie und Tuch abdecken und den Teig an einem warmen Ort etwa 20 Minuten gehen lassen, bis sich das Teigvolumen ungefähr verdoppelt hat.
3. Den Teig nochmals kurz durchkneten, mit feuchten Händen eine Kugel formen und auf das gefettete Blech legen. Mit Milch bestreichen und dicht mit Sonnenblumenkernen bestreuen; die Kerne fest andrücken. Zugedeckt an einem warmen Platz wieder aufgehen lassen. Wenn das Brot in den kalten Backofen kommt, muss es nach der zweiten Ruhezeit nicht voll aufgegangen sein; es geht während der Aufheizphase noch weiter auf.
4. Auf den Backofenboden eine hitzebeständige Schale mit Wasser stellen, das Brot in den kalten Backofen auf die zweite Schiene von unten schieben und bei 220°C etwa 60 Minuten lang backen.
5. Das Brot kurz mit kaltem Wasser besprühen und auf einem Rost auskühlen lassen.

**▶ Tipp**
Machen Sie den Klopftest, wenn Sie im Zweifel sind, ob Ihr Brot bereits durchgebacken ist: Klingt es hohl, wenn Sie mit den Knöcheln »anklopfen«, ist es fertig. Klingt es dumpf, stürzen Sie das Brot auf ein kaltes Blech, damit die Oberseite nicht zu dunkel wird und die Unterseite noch mehr Farbe bekommt. So können Sie problemlos noch 10 Minuten nachbacken.

**Das Landbrot mit Sonnenblumenkernen schmeckt mit süßem und pikantem Brotaufstrich (Rezepte ab Seite 112)**

## *Mohn-Anis-Kipf*

*Programm: Basis, Stufe II*
*Backzeit: 3:30*

*450 g lauwarmer Sauerrahm (Fettgehalt 10 %)*
*50 g Sahne*
*50 g Honig*
*3 EL Mohnsamen*
*2 TL Anissamen*
*650 g Dinkelvollkornmehl*
*1/2 TL Vollmeersalz*
*1 Würfel Biohefe, zerbröckelt*
*1 Eigelb zum Bestreichen*
*4 EL Mohnsamen zum Bestreuen*

*Alle Zutaten außer dem Eigelb und den Mohnsamen zum Bestreuen in der vorgegebenen Reihenfolge in den Backbehälter füllen. Vor dem letzten Aufgehen die Knetschaufeln entfernen (siehe Seite 20), die Teigoberfläche mit Eigelb bestreichen und die Mohnsamen andrücken.*

## *Pinienkernbrot*

*Programm: Basis, Stufe I*
*Backzeit: 3:20*

*300 g lauwarmes Wasser*
*50 g geschmolzene Butter*
*1 TL Honig*
*500 g Weizen, fein gemahlen, vermischt mit*
*80 g gemahlenen Pinienkernen und*
*1 EL Weizenkleber*
*15 – 20 g Vollmeersalz*
*2 EL frischer Oregano, gehackt oder*
*2 TL Oregano, gerebelt*
*Schale 1/2 Zitrone, gerieben*
*100 g Pinienkerne, gehackt*
*1 Würfel Biohefe, zerbröckelt*

*Die Zutaten in der vorgegebenen Reihenfolge in den Backbehälter füllen. Vor dem letzten Aufgehen die Knetschaufeln entfernen (siehe Seite 20).*

# Mohn-Anis-Kipf

**Für 1 Kipf**
4 EL Mohnsamen
3 TL Anissamen
800 g Dinkelvollkornmehl
2 TL Vollmeersalz
1 EL Honig
50 g Biohefe
600 g lauwarmer Sauerrahm (Fettgehalt 10 %)
1 EL Sonnenblumenöl
1 Eigelb zum Bestreichen
4 – 5 EL Mohnsamen zum Bestreuen

1. Mohn- und Anissamen in trockener Pfanne bei mittlerer Hitzezufuhr unter ständigem Rühren rösten, bis es aromatisch duftet.
2. Mehl mit den Samen und Salz mischen. Honig und Hefe mit dem Sauerrahm verquirlen und unter das Mehlgemisch rühren. Das Öl hinzufügen und alles gut verkneten. Abgedeckt an einem warmen Ort gehen lassen, bis sich der Teig etwa verdoppelt hat.
3. Den Teig nochmals kurz durchkneten, einen Kipf formen und auf ein gefettetes Backblech legen. Warm stellen und nochmals etwa 10 Minuten ruhen lassen. Mit einem Kochlöffelstiel in die Oberfläche drei schräge Kerben eindrücken. Das Brot mit verquirltem Eigelb bestreichen und dicht mit Mohnsamen bestreuen.
4. Die Form auf die zweite Schiene von unten in den kalten Backofen schieben, eine Schale mit heißem Wasser dazustellen und bei 220°C etwa 60 Minuten backen. Das Brot herausnehmen, kurz mit kaltem Wasser besprühen und auf einem Rost auskühlen lassen.

# Pinienkernbrot

**Für 1 Laib**
150 g Pinienkerne, gehackt
800 g Weizenvollkornmehl
2 – 3 TL Vollmeersalz
2 EL Oregano, gehackt oder
1 TL Oregano, gerebelt
450 ml lauwarmes Wasser
1 TL Honig
1 Würfel Biohefe

1. Zubereitung wie beim Leinsamenbrot (Seite 35), jedoch vor der zweiten Ruhezeit eine Kugel formen und diese auf das gefettete Blech setzen. Die Oberseite mit einem scharfen Messer von der Mitte aus strahlenförmig einkerben.
2. Backen wie Leinsamenbrot , jedoch den Ofen nach 50 Minuten ausschalten.

# Leinsamenbrot

**Für 1 Kastenform (30 cm lang)**
150 g Leinsaat, geschrotet
500 g Weizenvollkornmehl
200 g Roggenvollkornmehl
1 TL Anis, gemahlen
2 – 3 TL Vollmeersalz
200 ml lauwarmes Wasser
50 g lauwarme Sahne
1 TL Honig, 1 Würfel Biohefe
1 Handvoll Leinsaat (ganze Samen) zum Bestreuen
Butter für die Form

1. Leinsaat, Mehle und Gewürze mischen, Wasser und Sahne mit Honig und Hefe verrühren und mit dem Mehlgemisch vermengen.
2. Die Zutaten 10 Minuten zu einem geschmeidigen Teig verkneten und die Schüssel mit Folie und Tuch abgedeckt etwa 15 Minuten an einen warmen Ort stellen.
3. Den Teig nochmals 1 Minute durchkneten und in die gefettete, mit Leinsaat ausgestreute Form geben. Die Oberfläche glatt streichen, anfeuchten und mit Leinsaat bestreuen. Die Form abgedeckt wieder etwa 10 Minuten warm stellen; der Teig geht im Ofen während der Aufheizphase noch weiter auf. Die Oberfläche einige Male mit einem scharfen Messer schräg einkerben.
4. Das Brot in den kalten Backofen auf die zweite Schiene von unten schieben und eine Schale mit Wasser auf den Boden stellen. Bei 220°C etwa 60 Minuten hellbraun backen. Den Ofen ausschalten, das Brot auf ein kaltes Blech stürzen und 10 Minuten Nachhitze auf die Unterseite einwirken lassen.
5. Das Brot kurz mit kaltem Wasser besprühen und auf einem Rost auskühlen lassen.

## *Leinsamenbrot*

*Programm: Basis, Stufe II*
*Backzeit: 3:30*

*450 ml lauwarmes Wasser*
*50 g lauwarme Sahne*
*1 TL Honig*
*600 g Weizenvollkornmehl, vermischt mit*
*120 g Leinsaatschrot und*
*2 EL Weizenkleber*
*1 TL Anis, gemahlen*
*15 – 20 g Vollmeersalz*
*1 Würfel Biohefe, zerbröckelt*
*2 TL Leinsaat zum Bestreuen*

*Die Zutaten in der vorgegebenen Reihenfolge in den Backbehälter füllen. Vor dem letzten Aufgehen die Knetschaufeln entfernen (siehe Seite 20), den Teig mit Wasser befeuchten und mit Leinsaat bestreuen.*

## *Zwiebel-Kräuter-Zopf*

*Programm: Basis, Stufe II*
*Backzeit: 3:30*

*1/4 l lauwarmes Wasser*
*300 g Zwiebeln, gehackt, in*
*50 g Butter goldgelb geröstet*
*400 g Weizenvollkornmehl*
*100 g Roggenvollkornmehl, gemischt mit*
*2 EL Weizenkleber*
*1 TL Kümmel, ganz oder gemahlen*
*20 g Kräutersalz*
*3 EL Kräuter (Basilikum, Thymian, Majoran, Liebstöckel, Petersilie), fein gehackt, oder*
*2 TL Kräuterpulver, selbst gemacht (Seite 12)*
*15 g Vegetamin Trockenbackpulver oder*
*30 g Biohefe, zerbröckelt*
*Kümmel zum Bestreuen*

*Alle Zutaten außer dem Kümmel zum Bestreuen in der vorgegebenen Reihenfolge in den Backbehälter füllen. Vor dem letzten Aufgehen die Knetschaufeln entfernen (siehe Seite 20) und die Teigoberfläche mit Kümmel bestreuen.*

# Zwiebel-Kräuter-Zopf

**Für 1 Brot**
400 g Weizenvollkornmehl
100 g Roggenvollkornmehl
1 TL Kümmel, ganz oder gemahlen
2 TL Kräutersalz
6 EL Kräuter (Basilikum, Thymian, Majoran, Liebstöckel, Petersilie), fein gehackt, oder
3 TL Kräuterpulver, selbst gemacht (Seite 12)
300 g Zwiebeln, gehackt
50 g Butter
30 g Biohefe
1/4 l lauwarmes Wasser
Kümmel zum Bestreuen
Mehl für die Arbeitsfläche

1. Das Mehl mit den Gewürzen und Kräutern mischen. Die Zwiebeln in Butter goldgelb rösten und hinzufügen. Die Hefe mit Wasser verrühren und zu den übrigen Zutaten geben. Alles zu einem glatten Teig verkneten und zugedeckt etwa 30 Minuten gehen lassen.
2. Nochmals kurz durchkneten. 300 g Teig für die Verzierung beiseite legen, einen Kipf formen und auf das gefettete Blech setzen.
3. Aus dem Teigrest drei 30 Zentimeter lange Rollen formen, einen Zopf flechten und der Länge nach auf den Kipf legen. Die Oberfläche befeuchten und mit reichlich Kümmel bestreuen. Gut zugedeckt nochmals an einem warmen Ort etwa 10 Minuten gehen lassen.
4. Den Kipf auf der mittleren Schiene in den kalten Backofen schieben. Eine Schale mit heißem Wasser dazustellen und 50 – 60 Minuten bei 220°C backen.

**Der würzige Zwiebel-Kräuter-Zopf passt zu jeder herzhaften Mahlzeit.**

## *Allgäuer Kräuterflädle*

*Programm: Schnell + Teig*
*Laufzeit + Aufgehen: 45 Minuten*

*400 ml lauwarmes Wasser*
*1 EL Olivenöl, kalt gepresst*
*150 g gehackte Zwiebeln, geröstet in*
*30 g geschmolzene Butter*
*500 g Dinkel, gemahlen*
*200 g Grünkern, gemahlen*
*2 TL Vollmeersalz*
*1/2 TL Bockshornklee*
*1/4 TL Knoblauchpulver*
*2 TL Kräuterpulver, selbst gemacht (Seite 12)*
*1 Würfel Biohefe, zerbröckelt*
*1 Eigelb*
*2 EL Wasser*
*30 g gehackte Pistazienkerne zum Bestreuen*

*Alle Zutaten außer dem mit Wasser verdünnten Eigelb und den Pistazienkörnern in der vorgegebenen Reihenfolge in den Backbehälter füllen. Den fertigen Teig weiter verarbeiten wie im Originalrezept ab Schritt 3 beschrieben.*

# Allgäuer Kräuterflädle

**Für 16 Flädle**
200 g gehackte Zwiebeln
30 g Butter
500 g Dinkelvollkornmehl
200 g Grünkern, gemahlen
2 TL Vollmeersalz
1/2 TL Bockshornklee
1/4 TL Knoblauchpulver
5 EL Kräuter (Thymian, Majoran, Basilikum, Rosmarin, Petersilie, Schnittlauch), fein gehackt, oder
2 TL Kräuterpulver (Seite 12)
1 EL Olivenöl, kalt gepresst
375 ml Wasser
1 Würfel Biohefe
1 Eigelb, verdünnt mit Wasser
30 g gehackte Pistazienkerne zum Bestreuen
Mehl für die Arbeitsfläche

1. Die Zwiebeln in Butter rösten. Mehle, Gewürze, Kräuter, Zwiebeln und Öl grob vermengen. Die in Wasser gelöste Hefe hinzufügen und alles 10 Minuten verkneten. Abgedeckt an einem warmen Platz gehen lassen.
2. Den weichen Teig nochmals 1 Minute durchkneten. Kein Mehl hinzufügen; lediglich die Arbeitsfläche immer wieder mit Mehl bestreuen.
3. Vier gleich große Rollen formen und jede in vier Scheiben schneiden. Zu flachen Fladen ausrollen und auf zwei gefettete Bleche legen. Mit Eigelb bestreichen und mit den gehackten Pistazienkernen bestreuen. Abgedeckt 5 – 10 Minuten gehen lassen.
4. Die Bleche nacheinander in den kalten Backofen auf die mittlere Schiene schieben. Eine Schale mit heißem Wasser auf den Backofenboden stellen und die Brote 25 – 30 Minuten bei 200°C goldgelb backen. Mit kaltem Wasser besprühen und auf dem Rost auskühlen.

# Dreikorn rustika

**Für 1 Laib**
500 g Weizen, mittelfein geschrotet
250 g Roggen, mittelfein geschrotet
200 g Gerste, gemahlen
2 TL Fenchel, gemahlen
2 TL Koriander, gemahlen
3 TL Vollmeersalz
600 g lauwarmer Kefir (Fettgehalt 1,5 %)
50 g zimmerwarme Butter
50 g Biohefe
1 TL Honig
Mehl für die Arbeitsfläche

1. Die Mehle mit den Gewürzen mischen. Kefir mit Butter, Hefe und Honig verrühren und der Mehlmischung hinzufügen. Alle Zutaten 10 Minuten lang zu einem geschmeidigen Teig verkneten.
2. Die Schüssel mit Folie und Tuch abgedeckt warm stellen und den Teig 30 Minuten lang gehen lassen, bis er sich ungefähr verdoppelt hat.
3. Den Teig ein zweites Mal kurz durchkneten, mit bemehlten Händen zu einer Kugel formen und auf das gefettete Blech legen. Unbedeckt wieder etwa zur doppelten Höhe aufgehen lassen.
4. Den Backofen auf 250°C vorheizen, eine Schale mit heißem Wasser auf den Boden stellen und das Brot auf der zweituntersten Schiene einschieben. Nach 20 Minuten Backzeit auf 190°C stellen und 50 – 60 Minuten fertig backen. Mit kaltem Wasser abspritzen und zum Abkühlen auf einen Rost legen.

# Sechskorn-Krustenbrot

**Für 1 Kipf**
150 g Weizen, fein gemahlen
150 g Dinkel, fein gemahlen
100 g Nackthafer, fein gemahlen
je 100 g Roggen, Gerste und Grünkern, mittelfein geschrotet
je 1 TL Anis, Kardamom und Kümmel
1/2 TL Bockshornklee
3 TL Vollmeersalz
600 ml lauwarme Buttermilch
35 g zimmerwarme Butter
1 Würfel Biohefe
1 TL Honig

Verarbeitung der Zutaten und Ruhezeiten wie beim Dreikornbrot, jedoch zugedeckt gehen lassen. Vor dem Backen in die Oberfläche des Kipfs mit einem scharfen Messer ein Karomuster oder Querstreifen ritzen.

## *Dreikorn rustika*

*Programm: Basis + Vollkorn*
*Stufe II*
*Backzeit: 3:40*

*450 g lauwarmer Kefir*
*1 TL Honig*
*35 g geschmolzene Butter*
*350 g Weizen, mittelfein geschrotet*
*150 g Roggen, gemahlen*
*150 g Gerste, gemahlen*
*2 EL Weizenkleber*
*je 1 TL Fenchel und Koriander*
*15 – 20 g Vollmeersalz*
*1 Würfel Biohefe, zerbröckelt*

*Die Zutaten in der vorgegebenen Reihenfolge in den Backbehälter füllen. Vor dem letzten Aufgehen die Knetschaufeln entfernen (siehe Seite 20).*

## *Sechskorn-Krustenbrot*

*Programm: Basis + Vollkorn*
*Stufe II*
*Backzeit: 3:40*

*450 ml lauwarme Buttermilch*
*35 g geschmolzene Butter*
*1 TL Honig*
*150 g Weizenvollkornmehl*
*100 g Dinkelvollkornmehl*
*100 g Nackthafer, fein gemahlen*
*je 100 g Roggen, Gerste und Grünkern, mittelfein geschrotet*
*je 1 TL Anis, Kardamom und Kümmel*
*1/4 TL Bockshornklee*
*15 – 20 g Vollmeersalz*
*1 Würfel Biohefe, zerbröckelt*

*Die Zutaten in der vorgegebenen Reihenfolge in den Backbehälter füllen. Vor dem letzten Aufgehen die Knetschaufeln entfernen (siehe Seite 20).*

## *Aromabrot*

*Programm: Basis, Stufe I*
*Backzeit: 3:20*

*450 ml lauwarmes Wasser*
*1 TL Honig*
*200 g Roggenvollkornmehl*
*400 g Weizenvollkornmehl, gemischt mit*
*15 – 20 g Vollmeersalz und*
*je 2 gestrichenen TL Anis, Fenchel, Kümmel, Koriander, Kardamom*
*1 Päckchen Vegetamin Sauerteigextrakt*
*1 Würfel Biohefe, zerbröckelt*
*1 EL Sesam zum Bestreuen*

*Alle Zutaten außer Sesam in der vorgegebenen Reihenfolge in den Backbehälter füllen. Vor dem letzten Aufgehen die Kneter entfernen (siehe Seite 20), die Oberfläche des Teigs mit Wasser anfeuchten und mit Sesam bestreuen.*

**Für den herzhaft-würzigen Brotgenuss: Aromabrot aus dem Römertopf. Dazu schmecken Rettich- oder Fränkische Knoblauchbutter (Rezepte Seite 119 und 131) besonders gut.**

# Aromabrot aus dem Römertopf

**Für 1 Römertopf (Größe 111)**
**Vorteig**
300 g Roggenvollkornmehl
400 ml lauwarmes Wasser
80 g Sauerteigansatz (Seite 14)

1. Mehl mit Wasser und Ansatz zu einem weichen Brei verrühren und 12 – 24 Stunden lang bei 28 – 35°C (Wärmequellen: Seite 16) gären lassen. Der Vorteig muss deutlich aufgehen und Blasen zeigen.
2. Wichtig: Vor der Weiterverarbeitung etwa 80 g des vergorenen Vorteigs in das Glas mit dem Sauerteigansatz füllen.

**Hauptteig**
200 ml lauwarmes Wasser
750 g Weizenvollkornmehl
4 TL Vollmeersalz
je 2 TL Anis, Fenchel, Kümmel, Koriander, Kardamom
Butter für die Form
1 Handvoll Sesam zum Bestreuen der Teigoberfläche

1. Den Römertopf vor der Verwendung 60 Minuten in ein Wasserbad legen. Den Vorteig mit dem Wasser verrühren, das mit den Gewürzen vermischte Mehl hinzufügen und das Ganze 10 Minuten lang gründlich verkneten. Die Schüssel mit Folie und Tuch abdecken und den Teig 1 – 1 1/2 Stunden bei 28 – 35°C gehen lassen, bis das Teigvolumen um ein Drittel zugenommen hat.
2. Den Teig nochmals 1 Minute lang kneten, in den gefetteten Römertopf geben und mit feuchten Händen fest hineinpressen. Die Oberfläche dicht mit Sesam bestreuen.
3. Mit Ausstechförmchen oder einem Messer ein Muster in die Oberfläche drücken; beispielsweise eine Blüte mit Stiel und Blättern. Den Deckel auflegen und den Teig an einem warmen Ort gehen lassen, bis er sich deutlich wölbt.
4. Den Römertopf auf der untersten Schiene in den kalten Backofen schieben und den Thermostat auf 250°C stellen. Nach 40 Minuten den Deckel abnehmen. Die Hitze auf 180°C reduzieren und 50 Minuten weiterbacken.
5. Anschließend den Ofen ausschalten und 10 Minuten Nachhitze einwirken lassen. Wenn nötig, das Brot mit Folie abdecken. Den Römertopf herausnehmen, auf einem Rost etwa 10 Minuten abkühlen lassen, dann das Brot aus der Form nehmen.

**▶ Tipp**
Der Römertopf ist ideal für Backanfänger. Alle Brote gehen hoch auf, haben eine gute Konsistenz und sind wohl geformt.

## *Gewürzbrot*

*Programm: Basis, Stufe I*
*Backzeit: 3:20*

*450 ml lauwarmes Wasser*
*250 g Roggenvollkornmehl*
*200 g Weizenvollkornmehl*
*150 g Grünkern, gemahlen*
*120 g Sonnenblumenkerne*
*15 – 20 g Vollmeersalz*
*je 1 gestrichener TL Anis, Fenchel, Kümmel, Koriander, Kardamom*
*1 Päckchen Vegetamin Sauerteigextrakt*
*1 Würfel Biohefe, zerbröckelt*
*2 EL Sonnenblumenkerne zum Bestreuen*

*Alle Zutaten außer den 2 Esslöffeln Sonnenblumenkernen in der vorgegebenen Reihenfolge in den Backbehälter füllen. Vor dem letzten Aufgehen die Knetschaufeln entfernen (siehe Seite 20), die Oberfläche des Teigs mit Wasser anfeuchten und mit Sonnenblumenkernen bestreuen.*

# Gewürzbrot aus dem Keramiktopf

**Für 1 Keramiktopf (Größe wie Römertopf 111)**
**Vorteig**
Wie bei Aromabrot (Seite 40)

**Hauptteig**
250 g Roggenvollkornmehl
300 g Weizenvollkornmehl
200 g Grünkern, gemahlen
150 g Sonnenblumenkerne
3 – 4 TL Vollmeersalz
je 2 TL Anis, Fenchel, Kümmel, Koriander, Kardamom, Brotklee (Schabzigerklee oder Bockshornklee)
1/2 l lauwarmes Wasser
Butter für die Form
2 Handvoll Sonnenblumenkerne zum Bestreuen

1. Die Zutaten grob vermengen, den Vorteig hinzufügen und das Ganze 10 Minuten lang gründlich verkneten. Den Teig gut abgedeckt 1 – 1 1/2 Stunden bei 28 – 35 °C gehen lassen, bis das Volumen um die Hälfte zugenommen hat.
2. Den gefetteten Keramiktopf dicht mit Sonnenblumenkernen ausstreuen. Den Teig nochmals 1 Minute lang kneten und anschließend mit feuchten Händen fest in den Topf drücken. Den Deckel auflegen, den Teig an einen warmen Platz stellen und nochmals aufgehen lassen.
3. Den Keramiktopf auf der untersten Schiene in den kalten Backofen schieben und den Thermostat auf 250 °C einstellen.
4. Nach 40 Minuten Backzeit den Deckel abnehmen und auf einem Rost abkühlen lassen. Die Temperatur auf 180 °C reduzieren und das Brot 50 Minuten weiterbacken. Anschließend den Ofen ausschalten und 10 Minuten Nachhitze einwirken lassen. Wenn nötig, das Brot mit Folie abdecken.
5. Den Keramiktopf auf den Herd stellen und etwa 10 Minuten abkühlen lassen, dann das Brot auf einen Rost stürzen.

▶ **Tipp**
Im Keramiktopf zu backen, ist für Anfänger besonders leicht. Die Brote gehen hoch auf und sind immer von lockerer Konsistenz. Darüber hinaus ist der Keramiktopf ein hübscher und zweckmäßiger Behälter zur Aufbewahrung von Brot.

# Kümmelbrot

**Für 2 Kastenformen (25 cm lang)**
**Vorteig**
Wie bei Aromabrot (Seite 40)

**Hauptteig**
300 g Nacktgerste, gemahlen
450 g Weizenvollkornmehl
3 – 4 TL Vollmeersalz
1 TL Kardamom
1 TL Piment
3 TL Kümmel, ganz oder gemahlen
Schale von 1 unbehandelten Orange, gerieben
450 ml lauwarmes Wasser
2 EL Distelöl, kalt gepresst
1 EL Honig
Butter für die Form
4 EL Kümmel zum Bestreuen

1. Die Zutaten mit dem Vorteig grob vermengen, dann alles 10 Minuten lang gründlich durchkneten. Die Schüssel mit Folie und Tuch abdecken und den Teig bei 28 – 35°C (Wärmequellen: siehe Seite 16) 1 – 1 1/2 Stunden gehen lassen, bis das Volumen etwa um die Hälfte zugenommen hat.
2. Den Teig nochmals durchkneten und anschließend in zwei Stücke teilen. Aus den Teilen mit feuchten Händen längliche Stücke formen, dicht mit Kümmel bestreuen und in die gefetteten Formen füllen. Gut abgedeckt weitere 30 – 50 Minuten bei 28 – 35°C gehen lassen.
3. Inzwischen den Ofen auf 250°C vorheizen und eine Schale mit kochendem Wasser auf den Backofenboden stellen. Die Formen auf der untersten Schiene einschieben. 20 Minuten bei 250°C backen, dann auf 190°C stellen und weitere 60 Minuten backen.
4. Anschließend den Thermostat abstellen und 10 Minuten lang die Nachhitze einwirken lassen. Die Brote aus den Formen nehmen und auf einem Rost auskühlen lassen.

## *Kümmelbrot*

*Programm: Basis, Stufe I*
*Backzeit: 3:20*

*450 ml lauwarmes Wasser*
*2 EL Distelöl (Sonnenblumenkernöl), kalt gepresst*
*2 TL Honig*
*100 g Roggenvollkornmehl*
*200 g Nacktgerste, gemahlen*
*300 g Weizenvollkornmehl*
*15 – 20 g Vollmeersalz*
*je 1 TL Kardamom und Piment*
*2 TL Kümmel, ganz oder gemahlen*
*Schale von 1 unbehandelten Orange, gerieben*
*1 Päckchen Vegetamin Sauerteigextrakt*
*1 Würfel Biohefe, zerbröckelt*
*2 EL Kümmel zum Bestreuen*

*Alle Zutaten außer dem Kümmel zum Bestreuen in der vorgegebenen Reihenfolge in den Backbehälter füllen. Vor dem letzten Aufgehen die Knetschaufeln entfernen (siehe Seite 20), die Oberfläche des Teigs mit Wasser anfeuchten und dicht mit Kümmel bestreuen.*

## *Münchener Bierkipf*

*Programm: Basis, Stufe I*
*Backzeit: 3:20*

*1/4 l zimmerwarmes Bier*
*150 ml lauwarmes Wasser*
*150 g Lauch, in*
*20 g Butter geröstet*
*200 g Nacktgerste, gemahlen*
*100 g Roggenvollkornmehl*
*300 g Weizenvollkornmehl, gemischt mit*
*15 – 20 g Vollmeersalz und*
*Gewürzpulver: 2 TL Kümmel, je 1/4 TL Pfeffer und Piment*
*120 g Walnüsse, gehackt*
*1 Päckchen Vegetamin Sauerteigextrakt*
*1 Würfel Biohefe, zerbröckelt*
*1 EL Bier zum Bestreichen*
*1 EL Kümmel zum Bestreuen*

*Alle Zutaten außer 1 Esslöffel Bier und Kümmel in der angegebenen Reihenfolge in den Backbehälter füllen. Vor dem letzten Aufgehen die Knetschaufeln entfernen (siehe Seite 20), den Teig mit Bier bestreichen und mit Kümmel bestreuen.*

# Münchener Bierkipf

**Für 1 Kipf**
**Vorteig**
Wie bei Aromabrot (Seite 40)

**Hauptteig**
200 g Lauchringe
30 g Butter
400 g Nacktgerste, gemahlen
350 g Weizenvollkornmehl
3 – 4 TL Vollmeersalz
Gewürzpulver: 3 TL Kümmel, 1/2 TL Pfeffer, 1 TL Piment
200 g zimmerwarmes Bier
200 g Walnüsse, gehackt
3 EL Bier zum Bestreichen
1 EL Kümmel zum Bestreuen

1. Die Lauchringe in Butter goldgelb rösten. Alle Zutaten außer den Lauchringen und dem Kümmel mit dem Vorteig vermengen und 10 Minuten lang gründlich durchkneten. Den Teig gut zugedeckt etwa 1 1/2 Stunden bei 28 – 35°C gehen lassen, bis das Teigvolumen um circa ein Drittel zugenommen hat.
2. Die Lauchringe in den Teig arbeiten, mit feuchten Händen einen Kipf formen, mehrmals schräg einkerben, mit Bier bestreichen und mit Kümmel bestreuen. Den Kipf auf das gefettete Blech setzen, gut abdecken und nochmals an einem warmen Ort etwa 45 Minuten gehen lassen. Zwischenzeitlich den Ofen auf 250°C vorheizen und eine Schale mit heißem Wasser hineinstellen.
3. Das Brot mit Folie abdecken und das Blech auf der zweituntersten Schiene einschieben. Nach 20 Minuten die Folie abnehmen, die Temperatur auf 190°C stellen und etwa 60 Minuten weiterbacken.
4. Den Laib kurz mit kaltem Wasser besprühen und auf einem Rost auskühlen lassen.

**Zum Bierkipf schmeckt selbst gemachtes Schmalz (Rezept Seite 131) ebenso wie ein pikanter Käseaufstrich (Rezepte Seite 118 und 130) – und natürlich ein süffiges Bier.**

## *Korianderkipf*

*Programm: Basis, Stufe I*
*Backzeit: 3:20*

*450 ml lauwarmes Wasser*
*2 EL Sonnenblumenkernöl, kalt gepresst*
*1 EL Honig*
*200 g Grünkern, fein geschrotet*
*200 g Roggenvollkornmehl*
*200 g Weizenvollkornmehl*
*15 – 20 g Vollmeersalz*
*2 EL Korianderkörner, grob zerstoßen*
*1 EL Koriander, gemahlen*
*1 1/2 TL Bockshornkleepulver*
*Schale von 1 unbehandelten Zitrone, gerieben*
*1 Päckchen Vegetamin Sauerteigextrakt*
*1 Würfel Biohefe, zerbröckelt*
*1 EL Korianderkörner zum Bestreuen*

*Alle Zutaten außer den Korianderkörnern zum Bestreuen in der vorgegebenen Reihenfolge in den Backbehälter füllen. Vor dem letzten Aufgehen die Knetschaufeln entfernen (siehe Seite 20), die Oberfläche des Teigs mit Wasser anfeuchten und mit den Korianderkörnern bestreuen.*

## *Weizenkeimbrot*

*Programm: Basis, Stufe I*
*Backzeit: 3:20*

*1/4 l lauwarme Buttermilch*
*200 ml lauwarmes Wasser*
*1 TL Honig*
*200 g Buchweizen, gemahlen*
*400 g Weizenvollkornmehl, gemischt mit*
*15 – 20 g Vollmeersalz*
*1 EL Kräuter (Rosmarin, Oregano, Thymian), gehackt, oder*
*1 TL gerebelte Kräuter*

# Korianderkipf

**Für 1 bis 2 Kipfe**
**Vorteig**
Wie bei Aromabrot (Seite 40)

**Hauptteig**
200 g Grünkern, gemahlen
300 g Roggenvollkornmehl
250 g Weizenvollkornmehl
3 – 4 TL Vollmeersalz
4 EL Koriander, zerstoßen
1 EL Koriander, gemahlen
2 TL Brotkleepulver
Schale von 1 unbehandelten Zitrone, gerieben
450 ml lauwarmes Wasser
2 EL Sonnenblumenöl, 1 EL Honig
2 EL Korianderkörner zum Bestreuen
Mehl für die Arbeitsfläche

1. Die Zutaten mit dem Vorteig grob vermengen, dann gründlich durchkneten. Die Schüssel mit Folie und Tuch abdecken und den Teig bei 28 – 35°C etwa 1 – 1 1/2 Stunden gehen lassen.
2. Den Teig nochmals durchkneten und ein oder zwei Kipfe formen, die Oberfläche anfeuchten und mit einem scharfen Messer einmal der Länge nach und 3 – 4mal quer einritzen. Dicht mit Korianderkörnern bestreuen und auf ein gefettetes Backblech legen. Gut abgedeckt weitere 30 – 50 Minuten bei 28 – 35°C gehen lassen.
3. Inzwischen den Ofen auf 250°C vorheizen und eine Schale mit kochendem Wasser auf den Backofenboden stellen. Den oder die Kipfe auf der untersten Schiene einschieben. 20 Minuten bei 250°C backen, dann auf 190°C stellen und weitere 50 Minuten backen.
4. Den Thermostat abstellen und 10 Minuten lang die Nachhitze einwirken lassen. Die Brote auf einem Rost auskühlen lassen.

# Weizenkeimbrot

**Für 1 ovale Form (30 cm lang)**
**Vorteig**
300 g Weizenvollkornmehl
400 ml lauwarmes Wasser
80 g Sauerteigansatz (Seite 14)

Verarbeitung wie Aromabrot (Seite 40)

**Hauptteig**
550 g Weizenvollkornmehl
200 g Buchweizen, gemahlen

3 – 4 EL Vollmeersalz
je 2 EL Rosmarin, Oregano, Thymian, gehackt, oder
1 TL Kräuter, gerebelt
200 ml lauwarme Buttermilch, 1 EL Honig
200 g frische Weizenkeime (Seite 11)
Butter für die Form
Sesam zum Bestreuen

1. Die Zutaten mit dem Vorteig vermengen und gründlich verkneten. Den Teig bei 28 – 35°C etwa 1 – 1 1/2 Stunden gehen lassen, bis sein Volumen um ein Drittel zugenommen hat.
2. Den Teig in die Form geben und glatt streichen. Mit Sesam bestreuen und nochmals aufgehen lassen. Den Backofen auf 250°C vorheizen und eine Schale mit heißem Wasser hineinstellen.
3. Die Form auf der untersten Schiene einschieben und mit Folie abgedeckt 20 Minuten backen. Danach die Hitze auf 190°C reduzieren, ohne Folie 60 – 70 Minuten weiterbacken. Den Backofen abstellen, das Brot auf ein Blech stürzen, nochmals 10 Minuten in den Ofen schieben.
4. Das Brot mit kaltem Wasser besprühen, auf einem Rost auskühlen lassen und erst am folgenden Tag anschneiden.

## Saatenbrot

**Für 1 Laib**
**Vorteig**
Wie Weizenkeimbrot

**Hauptteig**
550 g Dinkelvollkornmehl
je 80 g geschroteter Leinsamen, Sesam, Kürbis-, Sonnenblumenkerne
3 – 4 TL Vollmeersalz, 1 Msp. Zimt
je 1 TL Anis, Fenchel, Kardamom
100 ml lauwarme Sahne
100 ml lauwarmes Wasser
1 EL Honig
1 Handvoll gemischte Saat

Verarbeitung der Zutaten wie beim Weizenkeimbrot. Nach der zweiten Ruhezeit eine Kugel formen, in gemischter Saat wälzen und auf gefettetem Blech gehen lassen. 20 Minuten bei 250°C und etwa 60 Minuten bei 190°C backen.

*120 g selbst gezogene Weizenkeime (Seite 11)*
*1 Päckchen Vegetamin Sauerteigextrakt*
*1 Würfel Biohefe, zerbröckelt*

*Die Zutaten in der vorgegebenen Reihenfolge in den Backbehälter füllen. Vor dem letzten Aufgehen die Knetschaufeln entfernen (siehe Seite 20).*

## *Saatenbrot*

*Programm: Basis, Stufe I*
*Backzeit: 3:20*

*300 ml lauwarmes Wasser*
*100 ml lauwarme Sahne*
*1 EL Honig*
*200 g Roggenvollkornmehl*
*350 g Dinkelvollkornmehl*
*je 50 g Leinsamenschrot, Sesam, Kürbis- und Sonnenblumenkerne*
*15 – 20 g Vollmeersalz*
*je 1 gestrichener TL Anis, Fenchel und Kardamom*
*1 Msp. Zimt*
*1 Päckchen Vegetamin Sauerteigextrakt*
*1 Würfel Biohefe, zerbröckelt*
*2 EL gemischte Saat zum Bestreuen*

*Alle Zutaten außer der gemischten Saat in der vorgegebenen Reihenfolge in den Backbehälter füllen. Vor dem letzten Aufgehen die Knetschaufeln entfernen (siehe Seite 20), die Oberfläche des Teigs mit Wasser anfeuchten und mit Saat bestreuen.*

## *Badener Winzerlaib*

*Programm: Basis, Stufe I*
*Backzeit: 3:20*

*350 ml lauwarmer Sauerrahm*
*100 ml lauwarmes Wasser*
*150 g gehackte Zwiebeln in*
*30 g Butter geröstet*
*150 g Roggenvollkornmehl*
*250 g Grünkernschrot*
*200 g Weizenvollkornmehl,*
*gemischt mit*
*15 – 20 g Vollmeersalz und*
*je 2 TL Kümmel und Koriander*
*1/4 TL Pfeffer*
*1 TL Muskatnuss*
*1 Päckchen Vegetamin*
*Sauerteigextrakt*
*1 Würfel Biohefe, zerbröckelt*

*Die Zutaten in der vorgegebenen Reihenfolge in den Backbehälter füllen. Vor dem letzten Aufgehen die Knetschaufeln entfernen (siehe Seite 20).*

# Badener Winzerlaib

**Für 1 Laib**
**Vorteig**
Wie bei Aromabrot (Seite 40)

**Hauptteig**
200 g Zwiebeln, gehackt
30 g Butter
500 g Grünkernschrot
250 g Weizenvollkornmehl
3 – 4 TL Vollmeersalz
je 2 TL Kümmel- und Koriandersamen, 1/4 TL Pfeffer
1 TL Muskatnusspulver
200 g lauwarmer Sauerrahm
einige dicke Zwiebelringe zum Verzieren

1. Die Zwiebeln in Butter goldgelb rösten. Alle Zutaten außer den gerösteten Zwiebeln und den Zwiebelringen mit dem Vorteig vermengen und 10 Minuten lang gründlich durchkneten. Den Teig gut zugedeckt etwa 1 1/2 Stunden bei 28 – 35°C gehen lassen.
2. Die Röstzwiebeln in den Teig arbeiten, mit feuchten Händen eine Kugel formen und 4 – 5 Zwiebelringe in die Oberseite drücken. Die Kugel auf das gefettete Blech setzen, gut abdecken und nochmals an einem warmen Ort etwa 45 Minuten gehen lassen. Zwischenzeitlich den Ofen auf 250°C vorheizen und eine Schale mit heißem Wasser hineinstellen.
3. Das Brot mit Folie abdecken und das Blech auf der zweituntersten Schiene einschieben. Nach 20 Minuten die Folie abnehmen, die Temperatur auf 190°C stellen und etwa 60 Minuten weiterbacken. Anschließend bei ausgeschaltetem Ofen 10 Minuten lang die Nachhitze nutzen.
4. Den Laib kurz mit kaltem Wasser besprühen und auf einem Rost auskühlen lassen.

**▶ Tipp**
Den Winzerlaib können Sie – wie auch alle anderen Sauerteigbrote – im Römer- oder Keramiktopf backen. Es gelten dann Temperatur und Backzeiten wie in den Rezepten für Aromabrot und Gewürzbrot (Seite 40 und 42) beschrieben.

**Den Winzerlaib genießen Sie am besten mit einer milden Nusscreme (Rezepte Seite 126) und einem Glas trockenen Weißwein.**

## *Finnenbrot*

*Programm: Basis, Stufe I*
*Backzeit: 3:20*

*1/4 l zimmerwarmes Bier*
*150 ml lauwarmes Wasser*
*2 EL Walnussöl*
*2 TL Honig*
*150 g Buchweizen, gemahlen*
*150 g Roggenvollkornmehl*
*350 g Weizenvollkornmehl*
*15 – 20 g Vollmeersalz*
*Gewürzpulver: 1 TL Ingwer,*
*je 1/4 TL Gewürznelke und Muskatnuss,*
*1 Msp. Zimt*
*3 TL abgeriebene Pomeranzen- oder Zitronenschale*
*1 Päckchen Vegetamin Sauerteigextrakt*
*1 Würfel Biohefe, zerbröckelt*
*2 EL Haferflocken zum Bestreuen*

*Alle Zutaten außer den Haferflocken in der angegebenen Reihenfolge in den Backbehälter füllen. Vor dem letzten Aufgehen die Knetschaufeln entfernen (siehe Seite 20), die Oberfläche des Teigs mit Wasser anfeuchten und mit Haferflocken bestreuen.*

## *Ganzkornlaib*

*Programm: Basis, Stufe I*
*Backzeit: 3:20*

*400 ml lauwarme Buttermilch*
*30 g geschmolzene Butter*
*2 TL Honig*
*je 20 g eingeweichte Körner: Gerste, Grünkern, Roggen, Hafer*
*(Einweichzeit siehe Originalrezept)*
*550 g Weizenvollkornmehl*
*15 – 20 g Vollmeersalz*
*2 TL Kümmel, gemahlen*
*1/2 TL Bockshornkleepulver*
*1 Päckchen Vegetamin Sauerteigextrakt*

# Finnenbrot

**Für 2 Kastenformen (25 cm lang)**
**Vorteig**
Wie bei Aromabrot (Seite 40)

**Hauptteig**
200 g Buchweizen, gemahlen
350 g Roggenvollkornmehl
350 g Weizenvollkornmehl
3 – 4 TL Vollmeersalz
Gewürzpulver: 1 TL Ingwer, je 1/4 TL Gewürznelke, Zimt und Muskatnuss
4 TL abgeriebene Pomeranzen- oder Zitronenschale
200 ml lauwarmes Wasser
1/4 l zimmerwarmes Bier
2 EL Walnussöl, 1 EL Honig
Butter für die Formen
1 Handvoll Haferflocken zum Bestreuen

1. Die Zutaten mit dem Vorteig gründlich durchkneten. Den Teig mit Mehl bestäuben, abdecken und bei 28 – 35°C etwa 1 – 1 1/2 Stunden gehen lassen, bis er um ein Drittel zugenommen hat.
2. Den Teig durcharbeiten und halbieren. Längliche Stücke formen und in die gefetteten, mit Haferflocken ausgestreuten Formen geben. Nochmals 30 Minuten gehen lassen. Die Backröhre auf 220°C vorheizen und eine Schale mit kochendem Wasser hineinstellen.
3. Die Formen auf der untersten Schiene in den Ofen einschieben und 20 Minuten bei 220°C, danach bei 190°C weitere 60 Minuten backen. Den Ofen ausschalten und 10 Minuten lang Nachhitze wirken lassen. Dabei die Brote eventuell aus den Formen nehmen und mit der Oberseite nach unten auf ein kaltes Blech legen.
4. Die Brote mit kaltem Wasser besprühen und auf einem Gitter auskühlen lassen.

# Ganzkornlaib

**Für 1 ovale Form (30 cm lang)**
**Vorteig**
Wie bei Aromabrot (Seite 40)

**Hauptteig**
je 30 g ganze Körner: Gerste, Grünkern, Roggen, Hafer
850 g Weizenvollkornmehl
3 – 4 TL Vollmeersalz
2 TL Kümmel, gemahlen
1 TL Bockshornkleepulver
1/2 l Buttermilch

30 g geschmolzene Butter
2 TL Honig
Butter für die Form
1 Handvoll Weizenflocken zum Bestreuen

1. Die Körner 3 Tage lang in kaltem Wasser einweichen und täglich zweimal spülen.
2. Verarbeitung der Zutaten wie beim Finnenbrot, jedoch den Teig nach der ersten Ruhezeit in eine gefettete, ovale Backform geben. 20 Minuten bei 250°C backen, 60 Minuten bei 190°C. Das Brot auf ein kaltes Blech stürzen, wieder einschieben und 10 Minuten Nachhitze einwirken lassen.

## Katenbrot mit Sesam

**Für 1 Kastenform (30 cm lang)**
**Vorteig**
Wie bei Aromabrot (Seite 40)

**Hauptteig**
750 g Weizenvollkornmehl
3 – 4 TL Vollmeersalz
3 TL Kümmel, gemahlen
400 ml lauwarme Buttermilch
50 g geschmolzene Butter, 2 TL Honig
Butter für die Form
1 Handvoll Sesam zum Bestreuen

1. Die Zutaten mit dem Vorteig grob vermengen und alles 10 Minuten lang gründlich durchkneten. Den Teig mit Mehl bestäuben, mit einem Tuch abdecken und bei 25 – 30°C etwa 1 – 1 1/2 Stunden gehen lassen, bis er etwa um ein Drittel zugenommen hat.
2. Den Teig durcharbeiten, ein längliches Stück formen und in die gefettete Form geben. Dicht mit Sesam bestreuen und 30 Minuten bei 25 – 30°C gehen lassen. Die Backröhre auf 220°C vorheizen und eine Schale mit kochendem Wasser hineinstellen.
3. Die Form auf der untersten Schiene in den Ofen schieben. 20 Minuten bei 220°C, danach bei 190°C weitere 60 Minuten backen. Den Ofen ausschalten und 10 Minuten lang mit Nachhitze backen.
4. Das Brot mit kaltem Wasser besprühen und auf einem Gitter auskühlen lassen.

*1 Würfel Biohefe, zerbröckelt*
*2 EL Weizenflocken zum Bestreuen*

*Alle Zutaten außer den Weizenflocken in der angegebenen Reihenfolge in den Backbehälter füllen. Vor dem letzten Aufgehen die Knetschaufeln entfernen (siehe Seite 20), die Oberfläche des Teigs mit Wasser anfeuchten und mit Weizenflocken bestreuen.*

## *Katenbrot mit Sesam*

*Programm: Basis, Stufe I*
*Backzeit: 3:20*

*400 ml lauwarme Buttermilch*
*50 g geschmolzene Butter*
*1/2 TL Honig*
*300 g Roggen, mittelfein geschrotet*
*200 g Weizen, fein gemahlen*
*2 TL Kümmelpulver*
*15 – 20 g Vollmeersalz*
*3 EL Sesam, ungeschält*
*1 Päckchen Vegetamin Sauerteigextrakt*
*1 Würfel Biohefe, zerbröckelt*
*2 EL Sesam zum Bestreuen*

*Alle Zutaten außer den 2 Esslöffeln Sesam in der angegebenen Reihenfolge in den Backbehälter füllen. Vor dem letzten Aufgehen die Knetschaufeln entfernen (siehe Seite 20), die Teigoberfläche mit Wasser befeuchten und mit Sesam bestreuen.*

# Internationale Brot-spezialitäten

## *Norwegisches Haferbrot*

*Programm Basis + Vollkorn*
*Stufe II*
*Backzeit: 3:30*

*450 ml lauwarme Buttermilch*
*1 TL Honig*
*30 g geschmolzene Butter*
*250 g gerösteter Nackthafer, gemahlen*
*50 g Vollkornhaferflocken*
*350 g Weizenvollkornmehl*
*je 2 TL Fenchel und Anis*
*15 – 20 g Vollmeersalz*
*1 Würfel Biohefe, zerbröckelt*
*1 Handvoll Haferflocken zum Bestreuen*

*Alle Zutaten außer den Haferflocken in der vorgegebenen Reihenfolge in den Backbehälter füllen*
*Vor dem letzten Aufgehen die Knetschaufeln entfernen (siehe Seite 20), den Teig mit Wasser anfeuchten und dicht mit Haferflocken bestreuen.*

## *Bulgarisches Buchweizenbrot mit Roggenkeimlingen*

*Programm Basis; Stufe II*
*Backzeit: 3:30*

*500 g lauwarmer Kefir*
*2 EL Sonnenblumenkernöl*
*1 TL Honig*
*200 g Buchweizen, gemahlen, gemischt mit 2 EL Weizenkleber*
*450 g Weizenvollkornmehl*
*120 g frische Roggenkeimlinge (Seite 11)*
*je 2 TL Schwarzkümmel und Koriander, gemahlen*
*15 – 20 g Vollmeersalz*
*1 Würfel Biohefe, zerbröckelt*

*Die Zutaten in der vorgegebenen Reihenfolge in den Backbehälter füllen.*

# Norwegisches Haferbrot

**Norwegisches Haferbrot – ein herzhaft bekömmlicher Brotgenuss.**

**Für 1 ovalen Gärkorb (30 cm lang)**
250 g Nackthafer, geröstet
50 g Vollkornhaferflocken
500 g Weizenvollkornmehl
je 2 TL Fenchel und Anis
2 TL Vollmeersalz
1/2 l Buttermilch
1 TL Honig
1 Würfel Biohefe
30 g zimmerwarme Butter
Haferflocken zum Bestreuen

1. Den Hafer bei 100°C auf mittlerer Schiene 50 Minuten rösten. Nach dem Abkühlen mahlen und mit Haferflocken, Mehl und den Gewürzen mischen. Buttermilch, Honig, Butter und Hefe verrühren und beigeben. Alles zu einem glatten Teig verarbeiten und gut abgedeckt an einem warmen Ort aufgehen lassen.
2. Den Teig nochmals durchkneten, eine Kugel formen und in das kräftig mit Mehl bestäubte Gärkörbchen legen. Zugedeckt an einem warmen Ort nochmals gehen lassen.
3. Den Backofen auf 220°C vorheizen und eine Schale mit kochendem Wasser hineinstellen. Den gegorenen Teig aus dem Körbchen auf das gefettete Blech stürzen, mit Haferflocken bestreuen und auf mittlerer Schiene etwa 50 Minuten backen.
4. Mit kaltem Wasser besprühen und auskühlen lassen.

# Bulgarisches Buchweizenbrot mit Roggenkeimlingen

**Für 1 Gärkorb (25 cm Ø)**
200 g Buchweizen, gemahlen
500 g Weizenvollkornmehl
je 2 TL Schwarzkümmel und Koriander, gemahlen
2 – 3 TL Vollmeersalz
1 Würfel Biohefe
500 g lauwarmer Kefir
2 EL Sonnenblumenöl
250 g frische Roggenkeimlinge (Seite 11)

1. Mehl mit den Gewürzen mischen, die Hefe mit dem Kefir verrühren und zusammen mit dem Öl zu dem Mehlgemisch geben. Zu einem glatten Teig verarbeiten und abgedeckt gehen lassen.
2. Die Keimlinge in den Teig kneten. Weitere Ruhezeit und Backen wie beim Haferbrot.

## *Schweizer Rüeblibrot*

*Programm: Basis, Stufe I*
*Backzeit: 3:20*

*200 ml lauwarmes Wasser*
*50 ml lauwarme Sahne*
*1 TL Honig*
*550 g Weizenvollkornmehl*
*2 TL Vollmeersalz*
*1/2 TL Pfeffer aus der Mühle*
*1 EL Dill, geschnitten*
*120 g Karotten, fein gewürfelt*
*1 Würfel Biohefe, zerbröckelt*

*Die Zutaten in der vorgegebenen Reihenfolge in den Backbehälter geben. Vor dem letzten Aufgehen die Knetschaufeln entfernen (siehe Seite 20).*

## *Amerikanisches Erdnuss-Pfeffer-Brot*

*Programm: Basis + Vollkorn*
*Stufe II*
*Backzeit: 3:40*

*450 ml lauwarme Buttermilch*
*1 TL Honig*
*650 g Weizenvollkornmehl*
*15 – 20 g Vollmeersalz*
*1/4 TL Pfeffer aus der Mühle*
*20 g grüne Pfefferkörner, eingelegt*
*2 TL des Einlegewassers*
*125 g Erdnüsse, geröstet und gesalzen, grob gehackt*
*1 Würfel Biohefe, zerbröckelt*
*Butter zum Bestreichen*
*einige gehackte Erdnüsse zum Bestreuen*

*Alle Zutaten außer der Butter und den Erdnüssen zum Bestreuen in der vorgegebenen Reihenfolge in den Backbehälter füllen. Vor dem letzten Aufgehen die Knetschaufeln entfernen (siehe Seite 20),*

# Schweizer Rüeblibrot

**Für 1 Form (26 cm Ø)**
400 g Karotten, fein geraspelt
550 g Weizenvollkornmehl
100 ml lauwarmes Wasser
1 TL Honig
1 Würfel Biohefe
2 TL Vollmeersalz
1/2 TL Pfeffer aus der Mühle
3 EL Dill, geschnitten
4 EL Kürbiskerne, gehackt
Butter für die Form

1. Karotten und Mehl mischen, das mit Honig und Hefe verrührte Wasser und die übrigen Zutaten hinzufügen und alles gründlich zusammenkneten. Zugedeckt gehen lassen.
2. Den Teig nochmals kurz kneten und in die gebutterte Form geben. Zugedeckt weitere 30 Minuten warm stellen.
3. Den Backofen auf 220°C vorheizen und eine Schale mit heißem Wasser hineinstellen. Das Brot auf mittlerer Schiene 50 – 60 Minuten backen.

# Amerikanisches Erdnuss-Pfeffer-Brot

**Für 1 Form (26 cm Ø)**
800 g Weizenvollkornmehl
1/4 TL Pfeffer aus der Mühle
2 – 3 TL Vollmeersalz
450 ml lauwarme Buttermilch
150 ml lauwarmes Wasser
1 TL Honig
1 Würfel Biohefe
30 g grüne Pfefferkörner, eingelegt
2 TL des Einlegewassers

200 g Erdnüsse, geröstet und gesalzen, grob gehackt
Butter für die Form und zum Bestreichen
einige frische Erdnüsse zum Verzieren

1. Das Mehl mit den Gewürzen mischen. Buttermilch mit Honig und Hefe verrühren und zusammen mit den weiteren Zutaten etwa 10 Minuten zu einem glatten Teig verarbeiten. Mit Folie und Tuch abgedeckt an einem warmen Ort etwa 20 Minuten gehen lassen.
2. Den Teig durchkneten, mit bemehlten Händen eine Kugel formen, in die gefettete Form geben und glatt streichen. Zugedeckt an einem warmen Ort wieder bis etwa zur doppelter Höhe aufgehen lassen.
3. In den auf 220°C vorgeheizten Backofen eine Schale mit heißem Wasser stellen. Das Brot auf der zweiten Schiene von unten einschieben und 50 – 60 Minuten backen; zwischendurch mehrmals mit geschmolzener Butter bestreichen. Dann den Ofen ausschalten, das Brot auf ein kaltes Blech stürzen und nochmals einschieben. Zehn Minuten Nachhitze einwirken lassen.
4. Das Brot kurz mit kaltem Wasser besprühen und den Laib auf dem Gitterrost auskühlen lassen.

## Mandel-Kräuter-Brot aus der Provence

**Für 1 Kastenform (25 cm lang)**
500 g Weizenvollkornmehl
80 g gemahlene Mandeln
4 TL Kräuter der Provence
Schale einer unbehandelten Orange, gerieben
2 – 3 TL Vollmeersalz
100 g ungeschälte Mandeln, gehackt
1 Würfel Biohefe
1 TL Honig
280 ml lauwarme Milch
Butter für die Form und zum Bestreichen
12 Mandeln zum Verzieren

1. Zubereitung und Ruhezeit wie Erdnuss-Pfeffer-Brot. Vor der zweiten Ruhezeit den Teig in die gefettete Kastenform geben, mit Butter bestreichen und mit ungeschälten Mandeln verzieren.
2. Backen wie Erdnuss-Pfeffer-Brot, den Ofen jedoch nach 50 Minuten ausschalten.

### *Mandel-Kräuter-Brot aus der Provence*

*Programm: Basis, Stufe I*
*Backzeit: 3:20*

*360 ml lauwarme Milch*
*1 TL Honig*
*500 g Weizenvollkornmehl*
*80 g Mandeln, gemahlen*
*15 – 20 g Vollmeersalz*
*4 TL Kräuter der Provence, gerebelt*
*Schale einer Orange, fein gerieben*
*100 g ungeschälte Mandeln, gehackt*
*1 Würfel Biohefe, zerbröckelt*
*Butter zum Bestreichen*
*2 TL gehackte Mandeln zum Bestreuen*

*Alle Zutaten außer der Butter und den gehackten Mandeln zum Bestreuen in der vorgegebenen Reihenfolge in den Backbehälter füllen. Vor dem letzten Aufgehen die Knetschaufeln entfernen (siehe Seite 20), den Teig mit Butter bestreichen und mit Mandeln bestreuen*

## Ungarisches Sonnenblumenkernbrot

*Programm: Basis, Stufe I*
*Backzeit: 3:20*

*450 g lauwarmer Jogurt*
*3 EL Sonnenblumenkernöl, kalt gepresst*
*1 EL Honig*
*500 g Dinkelvollkornmehl, gesiebt*
*150 g Nacktgerste, gemahlen, gemischt mit 2 EL Weizenkleber*
*100 g Sonnenblumenkerne*
*15–20 g Vollmeersalz*
*1/4 TL Bockshornkleepulver*
*1 Päckchen Vegetamin Trockenhefe*
*2 EL Milch zum Bestreichen*
*2 EL Sonnenblumenkerne*

*Alle Zutaten außer der Milch und den Sonnenblumenkernen zum Bestreuen in den Backbehälter füllen.*

## Polnisches Kartoffelkrüstchen

*Programm: Basis, Stufe I*
*Backzeit: 3:20*

*200 ml lauwarmes Wasser*
*50 ml lauwarme Sahne, 1 Ei, verquirlt*
*160 g rohe Kartoffeln, frisch gerieben*
*240 g gekochte Kartoffeln, durchgepresst*
*660 g Weizenvollkornmehl, gemischt mit 2 EL Weizenkleber und 2 TL Weinsteinbackpulver*
*70 g Walnüsse, fein gehackt*
*2 TL Vollmeersalz*
*je 1 TL Kümmel und Muskatnuss*
*1 Päckchen Vegetamin Trockenhefe*

*Die Zutaten in der vorgegebenen Reihenfolge in den Backbehälter füllen. Vor dem letzten Aufgehen die Knetschaufeln entfernen (siehe Seite 20).*

# Ungarisches Sonnenblumenkernbrot

**Für 1 Kastenform (30 cm lang)**
200 g Nacktgerste, gemahlen
600 g Dinkelvollkornmehl
150 g Sonnenblumenkerne
3 TL Vollmeersalz
1/2 TL Bockshornkleepulver
500 g lauwarmer Jogurt (Fettgehalt 3,7 %)
1 EL Honig, 50 g Biohefe, 4 EL Sonnenblumenöl
1 Handvoll Sonnenblumenkerne zum Bestreuen

**Die Sonnenblumenkerne geben dem Brot nicht nur ein appetitliches Aussehen, sondern machen auch die Kruste schön kross.**

1. Mehle mit Sonnenblumenkernen und Gewürzen mischen. Jogurt mit Honig und Hefe verquirlen, unter das Mehlgemisch rühren. Das Öl hinzufügen und alles 10 Minuten lang verkneten. Abgedeckt 20 Minuten an einem warmen Ort gehen lassen.
2. Den Teig kurz durchkneten, eine Rolle formen, dicht mit Sonnenblumenkernen bestreuen und in die gefettete Form geben. Warm stellen und nochmals etwa 10 Minuten ruhen lassen.
3. Die Form auf die zweite Schiene von unten in den kalten Backofen schieben, eine Schale mit heißem Wasser dazustellen und bei 220°C etwa 60 Minuten backen.
4. Das Brot aus der Form nehmen, kurz mit kaltem Wasser besprühen und auf einem Rost auskühlen lassen.

# Polnisches Kartoffelkrüstchen

**Für 1 Laib**
1 Ei, 1 Würfel Biohefe
200 ml lauwarmes Wasser
50 ml lauwarme Sahne
600 g Weizenvollkornmehl
2 EL Weizenkleber
1 TL Weinsteinbackpulver
2 TL Vollmeersalz
je 1 TL Kümmel und Muskatnuss
240 g gekochte Kartoffeln vom Vortag, durchgepresst
160 g rohe Kartoffeln, frisch gerieben
100 g Walnüsse, fein gehackt

1. Ei, Hefe, Wasser und Sahne verquirlen und mit den übrigen Zutaten gründlich verkneten. Zugedeckt gehen lassen.
2. Nochmals kurz kneten, eine Kugel formen und weitere 30 Minuten aufgehen lassen. Anschließend den Laib mit einem scharfen Messer über Kreuz einschneiden und auf mittlerer Schiene in den kalten Backofen schieben. Bei 175°C etwa 75 Minuten backen.

## *Französisches Baguette*

*Programm: Schnell + Teig*
*Zubereitung: 45 Minuten*

*1/2 l lauwarme Buttermilch*
*1 TL Honig*
*650 g Weizenvollkornmehl, ausgesiebt (entspricht Type 550)*
*15 – 20 g Vollmeersalz*
*1 Würfel Biohefe*
*1 verquirltes Ei zum Bestreichen*

*Alle Zutaten in der angegebenen Reihenfolge in den Backbehälter füllen. Nach der Fertigstellung des Teigs vorgehen wie im Originalrezept ab Schritt 2 beschrieben.*

## *Englischer Sahne-Gold-Toast*

*Programm Basis, Stufe I*
*Backzeit: 3:30*

*100 ml lauwarme Sahne*
*240 ml lauwarmes Wasser*
*50 g geschmolzene Butter*
*1 EL Honig*
*650 g Weizenvollkornmehl, ausgesiebt (entspricht Type 550)*
*15 – 20 g Vollmeersalz*
*1 Würfel Biohefe, zerbröckelt*
*1 Eigelb zum Bestreichen*

*Die Zutaten in der vorgegebenen Reihenfolge in den Backbehälter füllen. Vor dem letzten Aufgehen die Knetschaufeln entfernen (siehe Seite 20) und die Teigoberfläche mit Eigelb bestreichen.*

# Französisches Baguette

**Für 3 Stangen**
1 Würfel Biohefe
1/2 l lauwarme Buttermilch
1 TL Honig
650 g Weizenvollkornmehl, ausgesiebt (entspricht Type 550)
2 TL Vollmeersalz
1 Ei, verquirlt zum Bestreichen
Mehl für die Arbeitsfläche

1. Hefe mit Buttermilch und Honig verrühren, mit Mehl und Salz vermengen und zu einem geschmeidigen Teig verkneten. Abgedeckt 20 Minuten gehen lassen.
2. Den Teig kurz durcharbeiten, in drei Teile schneiden und jedes Teil mit bemehlten Händen zu einer backblechlangen Stange rollen. Zugedeckt 15 Minuten gehen lassen.
3. Die Stangen wenden und mit Hilfe einer Palette auf das gefettete Blech legen. Mit Ei bestreichen, mit dem Messer mehrere Male quer einritzen. Das Blech auf die mittlere Schiene des kalten Backofens schieben. Die Brote 25 – 30 Minuten bei 220°C goldgelb backen.

# Englischer Sahne-Gold-Toast

**Für 2 Kastenformen (25 cm lang)**
160 ml lauwarme Sahne
340 ml lauwarmes Wasser
1 EL Honig
60 g Biohefe
1 kg Weizenvollkornmehl, ausgesiebt (entspricht Type 550)
2 TL Vollmeersalz
1 Eigelb
75 g zimmerwarme Butter
Mehl für die Arbeitsfläche

1. Sahne-Wasser-Gemisch mit Honig und Hefe verrühren. Mit den weiteren Zutaten zu einem geschmeidigen Teig verkneten. Mit Plastikfolie und einem Tuch abdecken und 20 Minuten an einen warmen Ort stellen, bis sich der Teig etwa verdoppelt hat.
2. Den Teig nochmals durcharbeiten, in zwei gleich große Stücke teilen und in die gefetteten Formen geben. Wieder abdecken und bis etwa zur doppelten Höhe gehen lassen.
3. Auf den Backofenboden eine Schale mit heißem Wasser stellen und die Kastenformen, mit Alufolie abgedeckt, auf die zweite Schiene von unten in den kalten Backofen schieben. Thermostat auf 220°C stellen, nach 30 Minuten die Folie entfernen und 30 – 40 Minuten fertigbacken. Die Brote auf einem Rost auskühlen lassen.

## Vintschgauer Fladln

**Für 8 Fladln**
200 g Weizenvollkornmehl
200 g Roggenvollkornmehl
200 g Grünkern, gemahlen
Gewürzpulver: je 1 TL Kümmel und Fenchel, je 1/2 TL Bockshornklee und Zimt
2 TL Vollmeersalz
40 g warme Butter
50 g Biohefe
1 EL Honig
400 ml lauwarmes Wasser
Mehl für die Arbeitsfläche

1. Mehle, Gewürze und Butter grob vermengen. Hefe und Honig im Wasser auflösen, hinzufügen und alles 10 Minuten verkneten. Abgedeckt an einem warmen Platz gehen lassen.
2. Den weichen Teig nochmals durchkneten. Kein Mehl hinzufügen; lediglich die Arbeitsfläche immer wieder mit Mehl bestreuen.
3. Acht gleich große Teigstücke abwiegen, auf bemehlter Arbeitsfläche zu Fladen von etwa 12 cm Ø ausrollen und auf das gefettete Blech legen. Abgedeckt nochmals gehen lassen. Die Fladen mit einem Holzzahnstocher mehrmals einstechen.
4. Die Bleche nacheinander in den kalten Backofen auf die mittlere Schiene schieben. Eine Schale mit heißem Wasser auf den Backofenboden stellen und die Brote 25 – 30 Minuten bei 200°C goldgelb backen. Nach dem Backen sofort mit kaltem Wasser besprühen und auf dem Rost auskühlen lassen.

### *Vintschgauer Fladln*

*Programm: Schnell + Teig*
*Laufzeit + Aufgehen: 45 Minuten*

*400 ml lauwarmes Wasser*
*40 g warme Butter*
*1 EL Honig*
*200 g Weizenvollkornmehl*
*200 g Roggenvollkornmehl*
*200 g Grünkern, gemahlen*
*Gewürzpulver: je 1 TL Kümmel und Fenchel, 1/4 TL Bockshornklee,*
*1 Msp. Zimt*
*2 TL Vollmeersalz*
*50 g Biohefe, zerbröckelt*

*Alle Zutaten in der vorgegebenen Reihenfolge in den Backbehälter füllen.*
*Den fertigen Teig weiterverarbeiten wie im Originalrezept ab Schritt 3 beschrieben.*

## *Walliser Walnussbrot*

*Programm: Basis, Stufe II*
*Backzeit: 3:30*

*350 ml lauwarmes Wasser*
*2 EL Olivenöl, kalt gepresst*
*1 EL Honig*
*450 g Weizenvollkornmehl*
*200 g Roggenvollkornmehl, gemischt mit*
*2 EL Weizenkleber*
*je 1/2 TL Muskatnuss und Kardamom, gemahlen*
*120 g Walnüsse, gehackt*
*15 – 20 g Vollmeersalz*
*1 Würfel Biohefe, zerbröckelt*
*2 EL gehackte Walnüsse zum Bestreuen*

*Alle Zutaten außer den gehackten Walnüssen zum Bestreuen in der vorgegebenen Reihenfolge in den Backbehälter füllen.*
*Vor dem letzten Aufgehen die Knetschaufeln entfernen (siehe Seite 20), die Teigoberfläche mit Wasser bestreichen, die Nüsse darüber streuen und fest andrücken.*

# Walliser Walnussbrot

**Für 1 Laib oder 1 ovale Form (30 cm lang)**
600 g Weizenvollkornmehl
300 g Roggenvollkornmehl
1 TL Muskatnuss, gemahlen
1/2 TL Kardamom, gemahlen
3 TL Vollmeersalz
400 ml lauwarmes Wasser
1 EL Honig
60 g Biohefe
2 EL Olivenöl, kalt gepresst
200 g Walnüsse, gehackt
50 g gehackte Walnüsse zum Bestreuen

1. Die Mehle mit den Gewürzen mischen. Wasser mit Honig, Hefe und Öl verquirlen und zur Mehl-Gewürz-Mischung geben. Alle Zutaten 10 Minuten lang zu einem glatten Teig verarbeiten. Zum Schluss die Walnüsse in den Teig kneten. Gut abgedeckt an einem warmen Ort etwa 20 Minuten gehen lassen.
2. Den Teig nochmals 1 Minute durchkneten, mit befeuchteten Händen zu einer Kugel formen und auf ein gefettetes Blech legen oder in die gefettete Form geben. Die Oberfläche mit gehackten Walnüssen bestreuen. Die Nüsse fest andrücken. Zugedeckt an einem warmen Ort etwa 20 Minuten ruhen lassen.
3. Das Brot auf der zweiten Schiene von unten in den kalten Ofen schieben, eine Schale mit Wasser dazustellen und bei 220°C etwa 60 Minuten backen. Wenn Sie das Brot in der Form gebacken haben, aus der Form nehmen. Den Laib erneut in den Ofen schieben und 10 Minuten Nachhitze einwirken lassen; das Brot eventuell umdrehen, falls die Unterseite noch zu blass ist.

**▶ Tipp**
Das Nussbrot schmeckt auch mit Sauerteig zubereitet köstlich. Hierzu rührt man am Vorabend ein Drittel des Mehls mit 80 g Sauerteigansatz (Seite 14) und 300 ml lauwarmem Wasser zu einem Brei an und lässt ihn an einem warmen Ort etwa 12 Stunden vorgären. Weiterverarbeitung wie bei Hefeteig, nur die Ruhezeiten betragen etwa das Doppelte.

**Wer den feinwürzigen Geschmack von Walnüssen mag, wird bei dieser Walliser Spezialität voll auf seine Kosten kommen.**

*Steiermärkisches Kürbiskernbrot*

*Programm: Basis, Stufe II*
*Backzeit: 3:30*

*450 ml lauwarmes Wasser*
*3 EL Kürbiskernöl (ersatzweise Olivenöl), kalt gepresst*
*1 EL Honig*
*450 g Weizenvollkornmehl und 200 g Roggenvollkornmehl, vermischt mit*
*2 EL Weizenkleber*
*100 g Kürbiskerne*
*90 g ungeschwefelte getrocknete Aprikosen, klein gewürfelt*
*15 – 20 g Vollmeersalz*
*je 2 TL Koriander und Fenchel, gemahlen*
*1 Päckchen Vegetamin Trockenhefe*
*1 EL Milch zum Bestreichen*
*2 EL Kürbiskerne zum Bestreuen*

*Alle Zutaten außer der Milch und den 2 Esslöffeln Kürbiskernen in der vorgegebenen Reihenfolge in den Backbehälter füllen. Vor dem letzten Aufgehen die Knetschaufeln entfernen (siehe Seite 20), die Teigoberfläche mit Milch bestreichen und die Kürbiskerne fest andrücken.*

*Kärntner Haselnussbrot*

*Programm: Basis, Stufe II*
*Backzeit: 3:30*

*420 ml lauwarme Milch*
*50 g geschmolzene Butter*
*1 TL Honig*
*500 g Dinkelvollkornmehl*
*150 g Buchweizen, gemahlen, gemischt mit*
*2 EL Weizenkleber*
*Gewürzpulver: je 1/4 TL Muskatnuss und Kardamom*

## Steiermärkisches Kürbiskernbrot

**Für 1 Laib**
300 g Roggenvollkornmehl
600 g Weizenvollkornmehl
je 2 TL Koriander und Fenchel, gemahlen
2 – 3 TL Vollmeersalz
2 EL Honig
50 g Biohefe
1/2 l lauwarmes Wasser
4 EL Kürbiskernöl, kalt gepresst
150 g Kürbiskerne
100 g ungeschwefelte Trockenaprikosen, kleine Würfel
3 EL Milch zum Bestreichen
1 Handvoll Kürbiskerne zum Bestreuen
Mehl für die Arbeitsfläche

1. Mehle mit den Gewürzen mischen, Honig und Hefe mit Wasser verrühren und zusammen mit dem Öl in das Mehlgemisch geben. Alle Zutaten 10 Minuten verkneten und anschließend abgedeckt an einem warmen Ort etwa 20 Minuten gehen lassen.
2. Die Kürbiskerne und Aprikosenwürfel in den Teig kneten. Mit bemehlten Händen eine Kugel formen, mit Milch bestreichen und dicht mit Kürbiskernen bestreuen. Die Teigkugel auf das gefettete Blech setzen und abgedeckt ruhen lassen, bis das Teigvolumen deutlich zugenommen hat. Der Teig geht im Ofen während der Aufheizphase noch weiter auf.
3. Das Brot in den kalten Backofen auf die zweite Schiene von unten einschieben und eine Schale mit heißem Wasser auf den Backofenboden stellen. Bei 220°C etwa 60 Minuten backen.
4. Mit kaltem Wasser besprühen und auf einem Rost auskühlen lassen.

# Kärntner Haselnussbrot

**Für 1 Kastenform (30 cm lang)**
700 g Dinkelvollkornmehl
200 g Buchweizen, gemahlen
Gewürzpulver: je 1/4 TL Muskatnuss, Zimt, Kardamom
3 TL Vollmeersalz, 400 ml lauwarme Milch
125 g geschmolzene Butter, 1 TL Honig, 60 g Biohefe
20 g Arrowroot, angerührt mit 2 EL Wasser
150 g Haselnüsse, ganz, Butter für die Form

1. Die Mehle mit den Gewürzen mischen. Milch mit Butter, Honig und Hefe verquirlen und Arrowroot unterrühren. Alle Zutaten zu einem glatten Teig verarbeiten. Dann die Haselnüsse in den Teig kneten. An einem warmen Ort 20 Minuten gehen lassen.
2. Den Teig nochmals 1 Minute durchkneten und in die gefettete Form geben. Zugedeckt etwa 20 Minuten ruhen lassen.
3. Das Brot auf zweiter Schiene von unten in den kalten Ofen schieben, eine Schale mit Wasser dazustellen und bei 220°C etwa 60 Minuten backen. Anschließend aus der Form nehmen und 10 Minuten Nachhitze einwirken lassen.

# Tibetisches Reis-Hafer-Brot

**Für 1 Kastenform (30 cm lang)**
200 g Basmati-Vollreis, fein gemahlen
300 g Nackthafer, fein gemahlen
1 TL Curcuma, 1/4 TL Cumin
100 g zimmerwarmer Sahnequark
100 ml Milch, 2 Eier, 1 Würfel Biohefe, 1 TL Honig
40 g Arrowroot, angerührt in 3 EL Wasser
1 Eigelb zum Bestreichen, Butter für die Form

1. Mehle und Gewürze in einer Schüssel mischen. Quark mit Milch, Eiern, Hefe und Honig verrühren, angerührtes Arrowroot hinzufügen und die Quarkmischung mit dem Mehlgemisch vermengen. Den Teig 10 Minuten lang gut durchkneten, dann mit einem Tuch abgedeckt etwa 50 Minuten lang an einem warmen Ort gehen lassen.
2. Anschließend nochmals kurz durchkneten, in die gefettete Form geben und abgedeckt eine weitere halbe Stunde gehen lassen.
3. Die Oberfläche mit verquirltem Eigelb bestreichen. In den auf 220°C vorgeheizten Backofen auf mittlerer Schiene einschieben, eine Schale mit kochendem Wasser daneben stellen und etwa 50 Minuten goldbraun backen.

*1 Msp. Zimt*
*15 – 20 g Vollmeersalz*
*100 g ganze Haselnüsse*
*1 Päckchen Vegetamin Trockenhefe*

*Die Zutaten in der vorgegebenen Reihenfolge in den Backbehälter füllen. Vor dem letzten Aufgehen die Knetschaufeln entfernen (siehe Seite 20).*

## *Tibetisches Reis-Hafer-Brot*

*Programm: Basis, Stufe I*
*Backzeit: 3:20*

*100 ml lauwarme Milch*
*2 Eier, verquirlt*
*100 g zimmerwarmer Sahnequark*
*1 TL Honig*
*200 g gemahlener Basmati-Vollreis, vermischt mit*
*30 g Arrowroot*
*300 g Nackthafer, gemahlen, vermischt mit*
*1 EL Weizenkleber*
*70 g Weizenvollkornmehl*
*Gewürzpulver: je 1 TL Cumin und Curcuma*
*15 – 20 g Vollmeersalz*
*1 Würfel Biohefe, zerbröckelt*
*1 Eigelb zum Bestreichen*

*Alle Zutaten außer dem Eigelb in der vorgegebenen Reihenfolge in den Backbehälter füllen. Vor dem letzten Aufgehen die Knetschaufeln entfernen (siehe Seite 20) und die Teigoberfläche mit Eigelb bestreichen.*

# Pakistanisches Pandschabbrot

**Für 14 Stück**
450 g Weizenvollkornmehl
1/2 TL Salz
Gewürzpulver: je 1/4 TL Muskatnuss, Sternanis, Pfeffer
30 g zimmerwarme Butter
200 – 280 ml warmes Wasser
1 l Sonnenblumenöl zum Ausbacken

**Die knusprigen Pandschabbrote reicht man zu warmen Gerichten, aber auch als Knabberei zu Käse und Wein.**

1. Mehl mit den Gewürzen mischen, mit Butterstückchen und so viel Wasser verkneten, dass ein elastischer Teig entsteht. Mit Mehl bestäuben und abgedeckt 2 Stunden quellen lassen.
2. Aus dem Teig 14 pflaumengroße Kugeln formen, flach drücken und auf einer geölten Arbeitsfläche zu dünnen Fladen von etwa 15 cm Ø ausrollen.
3. Das Öl in einem indischen Karahi oder chinesischem Wok (ersatzweise eine 5 cm hohe Pfanne) erhitzen.
4. Die Fladen nacheinander in dem Öl backen. Sobald sich ein Fladen nach oben wölbt, mit dem Schaumlöffel sanft nach unten drücken, bis er aufgeht. Dann wenden und von der anderen Seite hellbraun fritieren; von jeder Seite etwa 2 – 3 Minuten.

*Pakistanisches Pandschabbrot*

*Programm: Schnell + Teig*
*Laufzeit + Aufgehen: 45 Minuten*

*280 ml warmes Wasser*
*30 g zimmerwarme Butter*
*450 g Weizenvollkornmehl*
*1/2 TL Salz*
*Gewürzpulver: je 1/4 TL Muskatnuss, Sternanis, Pfeffer*

*Die Zutaten in der angegebenen Reihenfolge in den Backbehälter füllen. Den fertigen Teig weiterverarbeiten wie im Originalrezept ab Schritt 2 beschrieben.*

# Arabisches Beduinenbrot

**Für 8 Stück**
750 g Weizenvollkornmehl
2 TL Vollmeersalz
Gewürzpulver: je 1 TL Cumin und Koriander
400 ml lauwarmes Wasser
2 EL Olivenöl
1 TL Honig, 1 Würfel Biohefe
2 EL Kümmel zum Bestreuen
Mehl für die Arbeitsfläche

1. Mehl und Gewürze mischen. Wasser mit Öl, Honig und Hefe verquirlen und mit dem Mehlgemisch zu einem glatten Teig verkneten. Mit Mehl bestäuben und abgedeckt an einem warmen Platz etwa auf das Doppelte aufgehen lassen.
2. Den weichen Teig nochmals durchkneten. Zwei gleich große Rollen formen und jede in vier Scheiben schneiden. Die Stücke zu flachen Fladen ausrollen und auf zwei gefettete Bleche legen. Die Fladen mit Kümmel bestreuen und nochmals gehen lassen.
3. Den Backofen auf 200°C vorheizen, eine Schale mit heißem Wasser hineinstellen und die Bleche nacheinander auf mittlerer Schiene einschieben. Die Brote etwa 15 Minuten hellgelb backen. Mit Wasser besprühen und auf dem Rost auskühlen lassen.

*Arabisches Beduinenbrot*

*Programm: Schnell + Teig*
*Laufzeit + Aufgehen: 45 Minuten*

*400 ml lauwarmes Wasser*
*2 EL Olivenöl, kalt gepresst*
*1 TL Honig*
*600 g Weizenvollkornmehl*
*2 TL Vollmeersalz*
*Gewürzpulver: je 1 TL Cumin und Koriander*
*1 Würfel Biohefe, zerbröckelt*
*2 EL Kümmel zum Bestreuen*

*Alle Zutaten außer dem Kümmel in der angegebenen Reihenfolge in den Backbehälter füllen. Den fertigen Teig weiterverarbeiten wie im Originalrezept ab Schritt 2 beschrieben.*

## *Türkische Adanafladen*

*Programm: Schnell + Teig*
*Laufzeit + Aufgehen: 45 Minuten*

*1/4 l lauwarmes Wasser*
*1 EL Knoblauchscheibchen,*
*hellgelb gebraten in*
*5 EL Olivenöl*
*1 TL Honig*
*250 g Weizenvollkornmehl*
*250 g Nacktgerste, gemahlen*
*1 TL Vollmeersalz*
*Gewürzpulver: je 1 TL Kümmel*
*und Cumin*
*1 Würfel Biohefe, zerbröckelt*

*Die Zutaten in der angegebenen Reihenfolge in den Backbehälter füllen.*
*Den fertigen Teig weiterverarbeiten wie im Originalrezept ab Schritt 2 beschrieben.*

# Türkische Adanafladen

**Für 4 Stück**
250 g Weizenvollkornmehl
250 g Nacktgerste, gemahlen
1 TL Vollmeersalz
1 TL Kümmelpulver
1/2 TL Cuminpulver
1 EL Knoblauchscheibchen,
hellgelb gebraten in
5 EL Olivenöl
1 TL Honig
1 Würfel Biohefe
1/4 l lauwarmes Wasser
1 EL Kürbiskerne zum Bestreuen
3 EL Milch zum Bestreichen
Mehl für die Arbeitsfläche

1. Die Mehle mit den Gewürzen mischen, das Knoblauchöl grob untermengen und das mit Honig und Hefe verquirlte Wasser hinzufügen. Alle Zutaten zu einem glatten Teig verkneten und abgedeckt an einem warmen Ort etwa 20 Minuten gehen lassen.
2. Nochmals 1 Minute durcharbeiten und vier gleich große Kugeln formen. Die Kugeln flach drücken und auf bemehlter Arbeitsfläche zu etwa 2 cm hohen Fladen ausrollen. Die Fladen auf dem gefetteten Blech gut abgedeckt weitere 15 Minuten gehen lassen.
3. Den Backofen auf 220°C vorheizen und eine Schale mit kochendem Wasser hineinstellen. Die Fladen mit Milch befeuchten und einige Kürbiskerne fest andrücken. Auf der mittleren Schiene etwa 15 – 20 Minuten goldbraun backen. Zwischendurch zweimal mit Milch bestreichen.

# Indisches Naanbrot

**Für 4 Stück**
600 g Weizenvollkornmehl
1 1/2TL Vollmeersalz
Gewürzpulver: je 1 TL Kardamom,
Cumin, Ingwer, Ajwain
50 g Ghee (Butterschmalz)
1 Ei
150 g lauwarmer Jogurt
80 ml lauwarme Milch
1 TL Honig
1 Würfel Biohefe
2 EL Jogurt zum Bestreichen
je 1 EL Kümmel und Sesam zum Bestreuen
Mehl für die Arbeitsfläche

1. Mehl mit den Gewürzen mischen. Ghee (Butterschmalz), Ei und Jogurt untermengen, die mit Honig und Hefe verrührte Milch hinzufügen und alles zu einem geschmeidigen Teig verarbeiten. Abgedeckt an einem warmen Platz 20 Minuten gehen lassen.
2. Den Teig nochmals 1 Minute durcharbeiten, in vier gleich große Stücke teilen und zu Kugeln formen. Die Kugeln flach drücken und auf der bemehlten Arbeitsfläche zu etwa 2 cm hohen Fladen ausrollen. Die Fladen auf ein gefettetes Blech legen und gut abgedeckt weitere 15 Minuten gehen lassen.
3. Den Backofen auf 220°C vorheizen und eine Schale mit kochendem Wasser hineinstellen. Die Fladen mit Jogurt bestreichen und mit Kümmel und Sesam bestreuen. Auf der mittleren Schiene einschieben, eine Schale mit kochendem Wasser hineinstellen und die Fladen 15 – 20 Minuten goldbraun backen.

## *Indisches Naanbrot*

*Programm: Schnell + Teig*
*Laufzeit + Aufgehen: 45 Minuten*

*150 g lauwarmer Jogurt*
*80 ml lauwarme Milch*
*50 g flüssiges Ghee (Butterschmalz)*
*1 Ei, verquirlt, 1 TL Honig*
*600 g Weizenvollkornmehl*
*1 1/2TL Vollmeersalz*
*Gewürzpulver: je 1 TL Kardamom, Cumin, Ingwer, Ajwain*
*1 Würfel Biohefe, zerbröckelt*

*Die Zutaten in der angegebenen Reihenfolge in den Backbehälter füllen. Den fertigen Teig wie im Originalrezept ab Schritt 2 weiterverarbeiten.*

## *Kretische Eftasimo*

*Programm: Schnell + Teig*
*Laufzeit + Aufgehen: 45 Minuten*

*400 ml lauwarmes Wasser*
*3 EL Olivenöl, kalt gepresst*
*1 TL Honig*
*350 g Weizenvollkornmehl*
*200 g Kichererbsen, gemahlen*
*60 g Kürbiskerne*
*8 Kalamata-Oliven, Würfel*
*je 1 TL Rosmarin, Thymian, Basilikum, Oregano, gerebelt*
*Gewürzpulver: je 1/4 TL Zimt, Pfeffer, je 1/2 TL Kümmel, Anis*
*1 TL Vollmeersalz*
*1 Würfel Biohefe, zerbröckelt*

*Die Zutaten in der angegebenen Reihenfolge in den Backbehälter füllen. Den fertigen Teig weiter verarbeiten wie im Originalrezept beschrieben.*

## *Italienische Focaccia*

*Programm: Schnell + Teig*
*Laufzeit + Aufgehen: 45 Minuten*

*400 ml lauwarmes Wasser*
*2 EL Olivenöl, kalt gepresst*
*1 TL Honig*
*200 g Weizenvollkornmehl*
*200 g Dinkelvollkornmehl*
*200 g Kichererbsen, gemahlen*
*60 g Pinienkerne, gehackt*
*2 TL Vollmeersalz*
*1/4 TL Pfeffer aus der Mühle*
*Gewürzpulver: 2 TL Rosmarin, 1 TL Knoblauch*
*1 Würfel Biohefe, zerbröckelt*
*1 EL frische Rosmarinnadeln*

*Alle Zutaten außer den Rosmarinnadeln in der angegebenen Reihenfolge in den Backbehälter füllen. Weiterverarbeitung des Teigs wie bei Eftasimo beschrieben.*

# Kretische Eftasimo

**Für 4 Stück**
350 g Weizenvollkornmehl
150 g Kichererbsen, gemahlen
je 1 TL Rosmarin, Thymian, Basilikum, Oregano, gerebelt
Gewürzpulver: je 1/2 TL Zimt, Kümmel, Anis, 1/4 TL Pfeffer
1 TL Vollmeersalz, 60 g Kürbiskerne
8 Kalamata-Oliven, kleine Würfel
1 TL Honig, 1 Würfel Biohefe
400 ml lauwarmes Wasser
4 EL Olivenöl, kalt gepresst
2 EL Sesam zum Bestreuen
Öl für die Arbeitsfläche

1. Die Mehle mit Kräutern, Gewürzen, Kürbiskernen und Olivenwürfeln grob mischen. Das mit Honig und Hefe verquirlte Wasser hinzufügen und alles gründlich durchkneten. Aus dem Teig eine Kugel formen, rundum mit Olivenöl benetzen und mit einem Tuch abgedeckt 20 Minuten gehen lassen.
2. Den Teig kurz durcharbeiten. In vier gleich große Teile schneiden und auf leicht geölter Arbeitsfläche zu Fladen auswalken. Mit Sesam bestreuen. Die Fladen auf ein gefettetes Blech geben und abgedeckt nochmals etwa 10 Minuten gehen lassen.
3. Den Backofen auf 200°C vorheizen, eine Schale Wasser hineinstellen und die Fladen auf der mittleren Schiene etwa 20 Minuten backen.

# Italienische Focaccia

**Für 8 Stück**
Je 200 g Weizen- und Dinkelvollkornmehl
200 g Kichererbsen, gemahlen
60 g Pinienkerne
2 TL Vollmeersalz, 1/4 TL Pfeffer aus der Mühle
Gewürzpulver: 2 TL Rosmarin, 1 TL Knoblauch
2 EL kalt gepresstes Olivenöl
400 ml lauwarmes Wasser
1 TL Honig, 1 Würfel Biohefe
1 EL frische Rosmarinnadeln zum Bestreuen

Zubereitung wie bei Eftasimo beschrieben. Vor dem Backen die Oberseite einölen und mit Rosmarinnadeln bestreuen.

**Eftasimo schmeckt hervorragend zu Schafskäse mit Melone, Kirschpaprika und Oliven (Rezept Seite 136).**

## *Ägyptisches Sonnenbrot*

*Programm: Basis, Stufe I*
*Backzeit: 3:20*

*450 ml Wasser*
*2 EL Sonnenblumenkernöl, kalt gepresst*
*1 EL Honig*
*200 g Nacktgerste, mittelfein geschrotet*
*470 g Weizenvollkornmehl*
*15 – 20 g Vollmeersalz*
*Gewürzpulver: 1 TL Koriander, 1 TL Sternanis, 1 Msp. Zimt, 1/2 TL Piment*
*1 Päckchen Vegetamin Sauerteigextrakt*
*1 Würfel Biohefe, zerbröckelt*
*2 EL Milch zum Bestreichen*
*einige Anissterne zum Verzieren.*

*Alle Zutaten außer der Milch und den Anissternen in der angegebenen Reihenfolge in den Backbehälter füllen. Vor dem letzten Aufgehen die Knetschaufeln entfernen (siehe Seite 20), die Oberfläche des Teigs mit Milch bestreichen und mit Anissternen belegen.*

## *Aztekenbrot*

*Programm: Basis, Stufe I*
*Backzeit: 3:20*

*300 ml lauwarmes Wasser*
*80 g Amaranth in 1/8 l Wasser weich gekocht*
*30 g Sonnenblumenkernöl, kalt gepresst*
*1 EL Blütenhonig*
*500 g Weizen, fein gemahlen*
*100 g feiner Maisgrieß, gemischt mit 20 g Arrowroot*
*15 – 20 g Vollmeersalz*
*Gewürzpulver: 1/4 TL Spanischer Pfeffer, 1 TL Bourbonvanille, 1/2 TL Piment*

# Ägyptisches Sonnenbrot

**Für 2 kleine Laibe, rund und oval**
**Vorteig**
60 g Sauerteigansatz (Seite 14)
1/4 l lauwarmes Wasser
200 g Weizenvollkornmehl

**Hauptteig**
200 g Nacktgerste, mittelfein geschrotet
400 g Weizenvollkornmehl
2 TL Vollmeersalz
Gewürzpulver: 2 TL Koriander, je 1 TL Sternanis, Piment, je 1/2 TL Zimt, Gewürznelke
380 ml Wasser
2 EL Sonnenblumenöl
2 EL Milch zum Bestreichen
einige Anissterne zum Verzieren

1. Für den Vorteig den Sauerteigansatz mit Wasser mischen und unter das Mehl rühren. Die Schüssel mit Folie und Tuch abdecken und 12 – 24 Stunden bei 28 – 35°C gären lassen.
2. Gersten- und Weizenmehl, den Vorteig und die übrigen Zutaten in der Schüssel vermengen und 10 Minuten lang durchkneten. Die Schüssel mit Folie und Tuch abdecken und bei 28 – 35°C gehen lassen, bis das Teigvolumen etwa um ein Drittel zugenommen hat.
3. Den aufgegangenen Teig halbieren, die Teile auf der trockenen Arbeitsfläche nochmals kurz durchkneten. Zwei kleine Laibe formen, Anissterne fest eindrücken und die Brote auf das gefettete Blech legen. Zugedeckt weitere 30 Minuten ruhen lassen.
4. Den Backofen auf 220°C vorheizen und eine Schale mit Wasser hineinstellen. Die Brote mit Milch bestreichen und das Blech auf der mittleren Schiene einschieben. Etwa 20 Minuten bei dieser Temperatur backen.
5. Die Brote mit kaltem Wasser besprühen und auf einem Rost auskühlen lassen.

# Aztekenbrot

**Für 1 Backblech (28 cm Ø)**
**Vorteig**
40 g Sauerteigansatz (Seite 14)
300 ml lauwarmes Wasser
200 g Weizenvollkornmehl

**Hauptteig**
100 g Amaranth
325 ml Wasser
20 g Arrowroot
350 g Weizenvollkornmehl
100 g feiner Maisgrieß
2 TL Vollmeersalz
Gewürzpulver: 1/4 TL Spanischer Pfeffer,
2 TL Vanille, 1/2 TL Piment
30 g Sonnenblumenöl
1 EL Blütenhonig
Butter für die Form
1/2 Vanilleschote, in kleine, schmale Streifen geschnitten

1. Für den Vorteig den Sauerteigansatz mit Wasser mischen und unter das Mehl rühren. Gut zugedeckt mindestens 12 Stunden bei 28 – 35°C gären lassen.
2. Amaranth in 1/8 l Wasser 15 Minuten lang weich kochen. Arrowroot in 200 ml Wasser verquirlen. Mit dem Vorteig und den übrigen Zutaten verkneten. Zugedeckt 1 – 1 1/2 Stunden gehen lassen.
3. Den Teig durchkneten, in die gefettete Form füllen, mit Vanillestreifen verzieren und abgedeckt 30 Minuten ruhen lassen. Den Ofen auf 220°C vorheizen und eine Schale Wasser hineinstellen.
4. Das Brot auf die zweitunterste Schiene schieben; mit Alufolie abgedeckt 20 Minuten, dann weitere 40 – 50 Minuten bei 200°C backen. Auf ein Blech stürzen und 10 Minuten Nachhitze nutzen.
5. Das Brot mit kaltem Wasser besprühen.

## Inkabrot

**Für 1 Backblech (28 cm Ø)**
**Vorteig**
Wie Aztekenbrot

**Hauptteig**
100 g Quinoa
325 ml Wasser, 20 g Arrowroot
350 g Dinkelvollkornmehl
100 g feiner Maisgrieß
20 g Vollmeersalz
1 TL Cayennepfeffer, 2 TL rote Pfefferkörner
30 g Distelöl, 1 EL flüssiger Blütenhonig
Butter für die Form
roter Pfeffer zum Bestreuen

Quinoa in 1/8 l Wasser 15 Minuten lang weich kochen. Arrowroot mit 200 ml Wasser verquirlen. Weitere Zubereitung wie Aztekenbrot.

*1 Päckchen Vegetamin Sauerteigextrakt*
*1 Würfel Biohefe, zerbröckelt*
*1/2 Vanilleschote, in kleine, schmale Streifen geschnitten, zum Verzieren*

*Alle Zutaten außer der Vanilleschote in der angegebenen Reihenfolge in den Backbehälter füllen.*
*Vor dem letzten Aufgehen die Kneter entfernen (siehe Seite 20), die Oberfläche des Teigs mit Wasser anfeuchten und mit Vanillestreifen verzieren.*

## *Inkabrot*

*Programm: Basis, Stufe I*
*Backzeit: 3:20*

*300 ml Wasser*
*1 EL flüssiger Blütenhonig*
*30 g Distelöl (Sonnenblumenkernöl), kalt gepresst*
*80 g Quinoa in*
*125 ml Wasser weich gekocht*
*500 g Dinkel, fein gemahlen*
*100 g feiner Maisgrieß, gemischt mit*
*20 g Arrowroot*
*15 – 20 g Vollmeersalz*
*1/4 TL Cayennepfeffer*
*2 TL rote Pfefferkörner*
*1 Päckchen Vegetamin Sauerteigextrakt*
*1 Würfel Biohefe, zerbröckelt*
*1 EL rote Pfefferkörner zum Bestreuen*

*Alle Zutaten außer den Pfefferkörnern zum Bestreuen in der angegebenen Reihenfolge in den Backbehälter füllen. Vor dem letzten Aufgehen die Kneter entfernen (siehe Seite 20), die Oberfläche des Teigs mit Wasser anfeuchten und mit den roten Pfefferkörnern bestreuen.*

## *Mexikanisches Maisbrot*

*Programm Basis, Stufe I*
*Backzeit: 3:20*

*200 ml lauwarmes Wasser*
*50 ml lauwarme Sahne*
*1 TL Honig*
*30 g geschmolzene Butter*
*1 Ei, verquirlt*
*200 g feiner Maisgrieß, gemischt mit*
*20 g Arrowroot und*
*2 TL Weinsteinbackpulver*
*450 g Weizen, fein gemahlen,*
*gemischt mit 1 EL Weizenkleber*
*1/4 TL Pfeffer aus der Mühle*
*15 – 20 g Vollmeersalz, 2 TL Curcuma*
*1 Msp. Cayennepfeffer*
*1 Würfel Biohefe, zerbröckelt*

*Die Zutaten in der vorgegebenen Reihenfolge in den Backbehälter füllen. Vor dem letzten Aufgehen die Knetschaufeln entfernen (siehe Seite 20).*

## *Kenianisches Hirsebrot*

*Programm: Basis + Vollkorn*
*Stufe II*
*Backzeit: 3:40*

*300 g lauwarmer Naturjogurt*
*200 ml lauwarmes Wasser*
*200 g Hirseflocken, vermischt mit*
*1 EL Weizenkleber und*
*1 TL Weinsteinbackpulver*
*400 g Weizen, fein gemahlen*
*15 – 20 g Vollmeersalz*
*Gewürzpulver: 1 Döschen Safran,*
*1/4 TL Muskatnuss, 1 Msp. Nelke*
*1 Würfel Biohefe, zerbröckelt*
*2 EL Hirse zum Bestreuen*

*Alle Zutaten außer der Hirse in der vorgegebenen Reihenfolge in den Backbehälter füllen. Vor dem letzten Aufgehen die Knetschaufeln entfernen (siehe Seite 20) und den Teig mit Hirse bestreuen.*

# Mexikanisches Maisbrot

**Für 1 kleinen Laib**
200 g feiner Maisgrieß
400 g Weizenvollkornmehl
2 – 3 TL Vollmeersalz
1/4 TL Pfeffer aus der Mühle
1 – 2 TL Curcuma
1 TL Weinsteinbackpulver
1 Msp. Cayennepfeffer
1 TL Honig, 30 g Butter
1 Würfel Biohefe
80 ml lauwarme Sahne
1/4 l lauwarmes Wasser
20 g Arrowroot, angerührt mit 2 EL Wasser
1 verquirltes Ei zum Bestreichen

**Lust auf Süßes? Dann ist eine Scheibe Hirsebrot mit selbst gemachter Marmelade (Rezepte Seite 152 – 155) genau das Richtige.**

1. Maisgrieß und Weizenmehl mit Gewürzen und Backpulver mischen. Honig, Butter und Hefe mit dem Sahne-Wasser-Gemisch verquirlen, Arrowroot hinzufügen und mit dem Mehlgemisch vermengen.
2. Die Zutaten zu einem geschmeidigen Teig verkneten. Die Schüssel mit Folie und Tuch gut abdecken und den Teig an einem warmen Ort gehen lassen, bis sich das Volumen etwa verdoppelt hat.
3. Den kurz durchgearbeiteten Teig mit feuchten Händen zu einer Kugel formen und die Oberfläche mit verquirltem Ei bestreichen. Auf dem gefetteten Blech abgedeckt etwa 20 Minuten warm stellen.
4. Eine Schale mit heißem Wasser in den kalten Backofen stellen und das Brot auf der zweiten Schiene von unten einschieben. 50 – 60 Minuten bei 220°C goldbraun backen; die letzten 20 Minuten eventuell mit Alufolie abdecken. Auf einem Rost auskühlen lassen.

# Kenianisches Hirsebrot

**Für 1 kleinen Laib**
200 g Hirseflocken
400 g Weizenvollkornmehl
1 Döschen Safran, 1/4 TL Muskatnuss und 1 Msp. Gewürznelke
2 – 3 TL Vollmeersalz
1 TL Weinsteinbackpulver
1 Würfel Biohefe
300 g Naturjogurt
100 ml lauwarmes Wasser
20 g Arrowroot, angerührt mit
2 EL Wasser
30 g Hirse zum Bestreuen

Verarbeitung der Zutaten wie beim Maisbrot, jedoch den Laib mit Wasser bestreichen und mit Hirse bestreuen.

Brötchen und
Party gebäck

# Brötchenpotpourri

**Für 1 rundes Blech (36 cm Ø)**
100 g Nackthafer, gemahlen
300 g Weizenvollkornmehl
450 g Dinkelvollkornmehl
2 TL Vollmeersalz
400 ml lauwarmes Wasser
1 TL Honig
1 Würfel Biohefe
50 g geschmolzene Butter
Zum Bestreuen: Sesam, Kümmel, Fenchel, Mohn, Sonnenblumenkerne, Haferflocken
Mehl für die Arbeitsfläche

1. Mehle mit dem Salz mischen. Wasser mit Honig, Hefe und Butter verquirlen und mit dem Mehl zu einem glatten Teig verkneten. Mit Folie und Tuch abdecken und an einem warmen Ort 20 – 30 Minuten gehen lassen, bis sich das Teigvolumen verdoppelt hat. Währenddessen das Blech einfetten.
2. Den Teig in vier gleich große Stücke schneiden und auf bemehlter Arbeitsfläche zu Rollen formen. Jede Rolle in acht Scheiben schneiden. Mit Hilfe eines nassen Löffels im feuchten Handteller Kugeln formen.
3. Die Zutaten zum Bestreuen in separate Teller füllen. Die Oberseite der Teigstücke je nach Belieben in Sesam, Kümmel etc. drücken. Anschließend dicht nebeneinander auf das gefettete Blech setzen. Abgedeckt nochmals etwa 15 Minuten gehen lassen.
4. Den Backofen inzwischen auf 200°C vorheizen. Die Brötchen auf die mittlere Schiene einschieben und 20 – 30 Minuten backen. Die aneinandergebackenen Brötchen kurz mit kaltem Wasser besprühen, vorsichtig im Ganzen vom Blech nehmen und auf einem Rost abkühlen lassen. Anschließend das Brötchenpotpourri auf eine Platte gleiten lassen und im Ganzen servieren.

**▶ Tipp**
Grundsätzlich können Sie aus jedem Brotteig, ob Hefe- oder Sauerteig, auch leckere Brötchen backen. Die Auswahl an Brötchen ist also schier unerschöpflich. Nach dem ersten Gehen statt eines Laibs je nach Teigmenge 15 – 20 Brötchen von etwa 70 g formen und auf das Blech setzen. Mit Milch oder Wasser bestreichen und mit Sesam, Kümmel, Fenchel, Mohn, Sonnenblumenkernen oder Haferflocken bestreuen. Dann die Brötchen zugedeckt nochmals etwa 15 Minuten gehen lassen. Die Backzeit verkürzt sich gegenüber Brot auf 20 – 30 Minuten.

**Das Brötchenpotpourri ist eine leckere Alternative zum Frühstücksbrot.**

## *Brötchenpotpourri*

*Programm: Schnell + Teig*
*Laufzeit + Aufgehen: 45 Minuten*

*350 ml lauwarmes Wasser*
*30 g geschmolzene Butter*
*1 TL Honig*
*100 g Nackthafer, gemahlen*
*300 g Weizenvollkornmehl*
*200 g Dinkelvollkornmehl*
*15 – 20 g Vollmeersalz*
*1 Würfel Biohefe, zerbröckelt*

*Die Zutaten in der angegebenen Reihenfolge in den Backbehälter füllen. Nach Fertigstellung des Teigs weiter vorgehen wie im Originalrezept ab Schritt 2 beschrieben, jedoch jede Rolle in sechs Stücke schneiden. Daraus 24 Brötchen formen und auf ein rundes Backblech von 28 cm Ø setzen.*

## *Kaisersemmeln*

*Programm: Schnell + Teig*
*Laufzeit + Aufgehen: 45 Minuten*

*400 ml lauwarmes Wasser*
*1/2 TL Honig*
*300 g Weizenvollkornmehl*
*300 g Dinkelvollkornmehl*
*1 1/2 TL Vollmeersalz*
*1 Würfel Biohefe, zerbröckelt*
*2 EL Mohn zum Bestreuen*

*Alle Zutaten außer dem Mohn in der angegebenen Reihenfolge in den Backbehälter füllen. Nach Fertigstellung des Teigs weiter vorgehen wie im Originalrezept ab Schritt 2 beschrieben.*

# Kaisersemmeln

**Für 20 Semmeln**
300 g Weizenvollkornmehl
300 g Dinkelvollkornmehl
1 1/2 TL Vollmeersalz
350 ml lauwarmes Wasser
2 1/2 TL Honig
1 Würfel Biohefe
2 TL Honig
3 EL warmes Wasser
2 EL Mohn zum Bestreuen

1. Die Mehle mit dem Salz mischen. Die Hefe mit 1/2 Teelöffel Honig im lauwarmen Wasser verrühren und mit dem Mehlgemisch vermengen. Das Ganze 10 Minuten zu einem geschmeidigen Teig verkneten. Gut zugedeckt an einem warmen Ort etwa 20 Minuten gehen lassen.
2. Den Teig nochmals 1 Minute kräftig durcharbeiten und danach in zwei gleich große Teile schneiden. Die Teigstücke zu Rollen formen und jede in zehn Scheiben schneiden, zu Kugeln rollen und auf das gefettete Backblech setzen.
3. Die Semmeln mit einem scharfen Messer über Kreuz einschneiden und abgedeckt nochmals gehen lassen. Währenddessen den Backofen auf 200°C vorheizen und eine Schale mit heißem Wasser hineinstellen.
4. Anschließend 2 Teelöffel Honig mit 3 Esslöffel warmem Wasser verrühren. Die Semmeln mit dem Honigwasser bestreichen und mit Mohn bestreuen. Auf der mittleren Schiene einschieben und etwa 30 Minuten goldgelb backen.
5. Frisch aus dem Ofen kurz mit kaltem Wasser besprühen und auf einem Rost auskühlen lassen.

# Kümmelbrötchen

**Für 20 Semmeln**
300 g Weizenvollkornmehl
300 g Dinkelvollkornmehl
1 1/2 TL Vollmeersalz
1 EL Kümmel, gemahlen
350 ml lauwarmes Wasser
1/2 TL Honig
1 Würfel Biohefe
3 EL warmes Wasser
2 EL Kümmelsamen zum Bestreuen

Zubereitung wie Kaisersemmeln. Die vorbereiteten Brötchen mit Wasser anfeuchten und mit Kümmelsamen bestreuen.

# Aniskipfchen

**Für 20 Kipfchen**
600 g Weizenvollkornmehl
1 1/2 TL Vollmeersalz
1 1/2 TL Anis, gemahlen
1 Ei
100 g geschmolzene Butter
1/4 l lauwarme Milch
1 TL Honig
1 Würfel Biohefe
1 Eigelb
2 EL Wasser
1 EL Anis, fein zerstoßen
1 EL Mandeln, fein gehackt

1. Mehl, Gewürze, Ei und Butter grob vermengen. Die Milch mit Honig und Hefe verquirlen und mit dem Mehlgemisch 10 Minuten zu einem glatten Teig verkneten.
2. Ruhezeiten wie bei den Kaisersemmeln beschrieben. Nach der zweiten Ruhezeit Kipfchen formen. Eigelb und Wasser verquirlen, die Kipfchen damit bestreichen und mit dem Anis-Mandel-Gemisch bestreuen.
3. Backen wie die Semmeln.

## *Kümmelbrötchen*

*Programm: Schnell + Teig*
*Laufzeit + Aufgehen: 45 Minuten*

*400 ml lauwarmes Wasser*
*1/2 TL Honig*
*300 g Weizenvollkornmehl*
*300 g Dinkelvollkornmehl*
*1 1/2 TL Vollmeersalz*
*1 EL Kümmel, gemahlen*
*1 Würfel Biohefe, zerbröckelt*
*2 EL Kümmelsamen zum Bestreuen*

*Alle Zutaten außer den Kümmelsamen in der angegebenen Reihenfolge in den Backbehälter füllen. Nach Fertigstellung des Teigs weiter vorgehen wie bei Kaisersemmeln ab Schritt 2 beschrieben, jedoch die Brötchen vor dem Backen mit Wasser bestreichen und mit Kümmelsamen bestreuen.*

## *Aniskipfchen*

*Programm: Schnell + Teig*
*Laufzeit + Aufgehen: 45 Minuten*

*1/4 l lauwarme Milch*
*1 Ei, verquirlt*
*100 g geschmolzene Butter*
*1 TL Honig*
*600 g Weizenvollkornmehl*
*1 1/2 TL Vollmeersalz*
*1 1/2 TL Anis, gemahlen*
*1 Würfel Biohefe, zerbröckelt*
*1 Eigelb*
*2 EL Wasser*
*1 EL Anis, fein zerstoßen*
*1 EL Mandeln, fein gehackt*

*Außer Eigelb, Wasser, zerstoßenem Anis und Mandeln alle Zutaten in der angegebenen Reihenfolge in den Backbehälter füllen. Nach Fertigstellung des Teigs weiter vorgehen wie im Originalrezept ab Schritt 2 beschrieben.*

# Pikantes Laugengebäck - Brezeln, Zöpfchen, Kringel, Stangen

**Für 16 Stück**
**Teig**
30 g Biohefe
1 1/2 TL Vollmeersalz
200 ml lauwarmes Wasser
260 g Weizenvollkornmehl
100 g Dinkelvollkornmehl
einige Esslöffel grobes Salz, Sesam, Kümmel, Mohn und Sonnenblumenkerne zum Bestreuen
Mehl für die Arbeitsfläche

**Lauge**
1 l Wasser
10 g Natron (Apotheke)

1. Hefe mit Salz und Wasser verquirlen. Mehl hinzufügen und alles 10 Minuten zu einem festen Teig verkneten, bis er sich von der Schüssel löst. Den Teig zu einer Kugel formen und mit einem feuchten Tuch abgedeckt bei Zimmertemperatur 2 Stunden lang ruhen lassen.
2. Den Teig nochmals 3 Minuten durcharbeiten, zu einer Rolle formen und in 16 gleich große Stücke teilen. Die Teigstücke mit einem feuchten Tuch abdecken. Mit bemehlten Händen jedes der Teigstücke auf der Arbeitsfläche zu einem Strang und dann zu Brezeln, Kringeln, Zöpfchen oder Stangen formen. Das geformte Gebäck mit einem feuchten Tuch abdecken und nochmals 10 Minuten an einem warmen Ort gehen lassen.
3. Das Natron in Wasser auflösen und in einem flachen Topf zum Kochen bringen. Die Gebäckstücke einzeln mit dem Schaumlöffel etwa 30 Sekunden so in die Lauge tauchen, dass auch die Oberseite überspült wird. Auf dem Schaumlöffel abtropfen lassen und auf das gefettete Blech legen.
4. Das Laugengebäck mit Salz oder Samen nach Wahl bestreuen. Falls notwendig, die Oberfläche vorher nochmals mit Lauge bestreichen. Das Gebäck auf der mittleren Schiene in den kalten Backofen schieben und bei 220°C etwa 35 – 40 Minuten knusprig backen.

**Eine köstliche Alternative zur Butterbrezel: Laugengebäck bestrichen mit Basilikumcreme oder serviert mit Curcumacreme in Cocktailtomaten (Rezepte Seite 115). Probieren Sie's einfach mal aus.**

## *Pikantes Laugengebäck*

*Programm: Schnell + Teig*
*Laufzeit + Aufgehen: 45 Minuten*

*200 ml lauwarmes Wasser*
*260 g Weizenvollkornmehl*
*100 g Dinkelvollkornmehl*
*1 1/2 TL Vollmeersalz*
*30 g Biohefe, zerbröckelt*
*einige Esslöffel grobes Salz, Sesam, Kümmel, Mohn und Sonnenblumenkerne zum Bestreuen*
*1 l Wasser und*
*10 g Natron (Apotheke) für die Lauge*

*Außer dem groben Salz und den Samen zum Bestreuen sowie dem Wasser und dem Natron für die Lauge alle Zutaten in der angegebenen Reihenfolge in den Backbehälter füllen. Nach Fertigstellung des Teigs weiter vorgehen wie im Originalrezept ab Schritt 1 beschrieben.*

## *Milchbrötchen*

*Programm: Schnell + Teig*
*Laufzeit + Aufgehen: 45 Minuten*

*1/4 l lauwarme Milch*
*50 g weiche Butter*
*2 EL Honig*
*250 g Weizenvollkornmehl*
*250 g Dinkelvollkornmehl*
*1 TL Vollmeersalz*
*1 Msp. Zimt*
*1 Würfel Biohefe, zerbröckelt*

*Die Zutaten in der angegebenen Reihenfolge in den Backbehälter füllen. Nach Fertigstellung des Teigs weiter vorgehen wie im Originalrezept ab Schritt 2 beschrieben.*

## *Quarkbrötchen*

*Programm: Schnell + Teig*
*Laufzeit + Aufgehen: 45 Minuten*

*150 ml lauwarme Milch*
*250 g zimmerwarmer Quark (20 %)*
*1 Ei, verquirlt*
*2 EL Honig*
*500 g Weizenvollkornmehl*
*1 TL Vollmeersalz*
*1/4 TL Bourbon-Vanillepulver*
*1 Zitronenschale, gerieben*
*1 Würfel Biohefe, zerbröckelt*

*Die Zutaten in der angegebenen Reihenfolge in den Backbehälter füllen. Nach Fertigstellung des Teigs weiter vorgehen wie im Originalrezept ab Schritt 2 beschrieben.*

# Milchbrötchen

**Für 14 Brötchen**
1/4 l lauwarme Milch
50 g weiche Butter
2 1/2 EL Honig
1 Würfel Biohefe
250 g Weizenvollkornmehl
250 g Dinkelvollkornmehl
1 TL Vollmeersalz
1 Msp. Zimt
1 Eigelb
2 EL Wasser
je 1 EL Mohn, Sesam und Anis zum Bestreuen

1. Milch mit Butter, 2 Esslöffeln Honig und Hefe verquirlen. Mehl und Gewürze hinzugeben und alles zu einem geschmeidigen Teig verarbeiten. Abgedeckt an einem warmen Ort etwa 20 Minuten gehen lassen, bis sich sein Volumen verdoppelt hat.
2. Den Teig nochmals kurz durchkneten und in zwei Hälften teilen. Aus jeder Hälfte sieben gleich große Kugeln formen und auf das gefettete Blech legen. Mit einem Tuch abgedeckt weitere 15 – 20 Minuten gehen lassen. Den Backofen auf 200°C vorheizen und eine Schale mit kochendem Wasser auf den Boden stellen.
3. Die Brötchen mit einem scharfen Messer über Kreuz einschneiden. Das Eigelb mit 1 Teelöffel Honig und dem Wasser verquirlen. Die Brötchen mit der Ei-Honig-Mischung bestreichen, mit unterschiedlichen Samen bestreuen und auf mittlerer Schiene etwa 20 Minuten backen.

# Quarkbrötchen

**Für 14 Brötchen**
150 ml lauwarme Milch
2 1/2 EL Honig
40 g Biohefe
250 g Quark (20 %)
500 g Weizenvollkornmehl
1 TL Vollmeersalz
1/4 TL Bourbon-Vanillepulver
Schale von 1 unbehandelten Zitrone, gerieben
1 Ei, 1 Eigelb
2 EL Wasser

1. Milch mit 2 Esslöffeln Honig und Hefe verquirlen. Quark, Mehl und Gewürze hinzugeben und alles zu einem geschmeidigen Teig verarbeiten. Mit Folie und einem Tuch abdecken und an einem warmen Ort gehen lassen, bis sich sein Volumen verdoppelt hat.

2. Den Teig kurz durchkneten, in zwei Hälften teilen, aus jeder Hälfte sieben gleich große Kugeln formen und auf das gefettete Blech legen. Abdecken und nochmals 15 – 20 Minuten gehen lassen. Den Backofen auf 200°C vorheizen und eine Schale mit kochendem Wasser hineinstellen.
3. Die Brötchen mit einem scharfen Messer über Kreuz einschneiden. Eigelb, 1 Teelöffel Honig und Wasser verquirlen. Die Brötchen mit der Mischung bestreichen, auf der mittleren Schiene in den Backofen schieben und etwa 20 Minuten backen.

## Rosinenbrötchen

**Für 14 Brötchen**
1/4 l lauwarme Milch
60 g weiche Butter
2 1/2 EL Honig
40 g Biohefe
500 g Weizenvollkornmehl
1/4 TL Vollmeersalz
Gewürzpulver: je 1/2 TL Zimt und Ingwer,
1/4 TL Nelke
150 g kalifornische Rosinen
1 Ei
1 Eigelb
2 EL Wasser

1. Milch, Butter, 2 Esslöffel Honig und Hefe verquirlen. Mit Mehl, Gewürzen, Rosinen und dem Ei 10 Minuten lang zu einem geschmeidigen Teig kneten. Gut abgedecken und an einem warmen Ort gehen lassen, bis sich sein Volumen verdoppelt hat.
2. Den Teig nochmals durchkneten, in zwei Hälften teilen und aus jeder Hälfte sieben gleich große Kugeln formen. Die Brötchen auf das gefettete Blech setzen. Mit einem Tuch bedecken und weitere 15 – 20 Minuten gehen lassen. Den Backofen auf 200°C vorheizen und eine Schale mit kochendem Wasser auf den Boden stellen.
3. Die Brötchen mit einem scharfen Messer über Kreuz einschneiden. Zum Bestreichen das Eigelb mit 1 Teelöffel Honig und dem Wasser verquirlen. Die Brötchen auf der mittleren Schiene des Backofens etwa 20 Minuten backen.

**▶ Tipp**
Halbieren Sie beim Backen Ihrer Lieblingsbrote den Teig – egal ob Hefe- oder Sauerteig – nach der ersten Ruhezeit. Die eine Hälfte formen Sie zu einem Brotlaib oder geben ihn in eine entsprechend kleinere Kastenform. Aus der anderen Hälfte des Teigs formen Sie Brötchen von etwa 70 g und backen sie mit dem Brot 20 Minuten lang bei 220°C.

### *Rosinenbrötchen*

*Programm: Schnell + Teig*
*Laufzeit + Aufgehen: 45 Minuten*

*1/4 l lauwarme Milch*
*60 g weiche Butter*
*1 Ei, verquirlt*
*2 EL Honig*
*500 g Weizenvollkornmehl*
*1/4 TL Vollmeersalz*
*Gewürzpulver: 1/4 TL Zimt,*
*1/2 TL Ingwer, 1/4 TL Gewürznelke*
*150 g kalifornische Rosinen*
*1 Würfel Biohefe, zerbröckelt*

*Die Zutaten in der angegebenen Reihenfolge in den Backbehälter füllen. Nach Fertigstellung des Teigs weiter vorgehen wie im Originalrezept ab Schritt 2 beschrieben.*

## *Kümmelrollen*

*Programm: Schnell + Teig*
*Laufzeit + Aufgehen: 45 Minuten*

*1/4 l lauwarmes Wasser*
*80 g geschmolzene Butter*
*1 TL Honig*
*350 g Weizenvollkornmehl*
*150 g Roggenvollkornmehl*
*1 1/2 TL Vollmeersalz*
*50 g Biohefe, zerbröckelt*

*Die Zutaten in der angegebenen Reihenfolge in den Backbehälter füllen. Nach Fertigstellung des Teigs weiter vorgehen wie im Originalrezept ab Schritt 2 beschrieben.*

## *Käsestangen*

*Programm: Schnell + Teig*
*Laufzeit + Aufgehen: 45 Minuten*

*100 ml lauwarmes Wasser*
*40 g geschmolzene Butter*
*1 Ei, verquirlt*
*1 TL Honig*
*250 g Weizenvollkornmehl*
*1/2 TL Kümmelpulver*
*100 g Emmentaler, gerieben*
*1 TL Vollmeersalz*
*20 g Biohefe, zerbröckelt*

*Die Zutaten in der angegebenen Reihenfolge in den Backbehälter füllen.*
*Nach Fertigstellung des Teigs weiter vorgehen wie bei Kümmelrollen beschrieben.*

# Kümmelrollen

**Würziger Knusperspaß, der immer gut ankommt: Kümmelrollen, Käsestangen und Kräuterstangen (Rezept Seite 88).**

**Für 8 Stangen**
1/4 l lauwarmes Wasser
1 TL Honig
50 g Biohefe
80 g geschmolzene Butter
1 1/2 TL Vollmeersalz
350 g Weizenvollkornmehl
150 g Roggenvollkornmehl
2 EL Kümmel
2 EL Steinsalz und 2 EL Kümmel zum Bestreuen
Mehl für die Arbeitsfläche

1. Wasser mit Honig und Hefe verquirlen. Mit Butter, Vollmeersalz und Mehl zu einem festen, elastischen Teig verarbeiten. Zugedeckt etwa 60 Minuten ruhen lassen.
2. Den Teig nochmals kurz durchkneten, zu einer Rolle formen und vierteln. Jedes Teigstück in drei gleich große Scheiben schneiden und zu einem Oval von etwa 30 x 12 cm auswalken.
3. Jedes Oval von der Schmalseite her eng einrollen und dabei sanft nach außen drücken, sodass die Rolle etwa 20 cm lang wird. Mit Wasser besprühen und mit Kümmel und Salz bestreuen.
4. Die Rollen auf das gefettete Blech legen und zugedeckt 15 – 20 Minuten gehen lassen. Den Backofen auf 220°C vorheizen und eine Schale mit kochendem Wasser hineinstellen. Das Blech auf mittlerer Schiene einschieben und die Stangen etwa 20 Minuten goldgelb backen.

# Käsestangen

**Für 8 Stangen**
100 ml lauwarmes Wasser
1 TL Honig
20 g Biohefe
250 g Weizenvollkornmehl
1/2 TL Kümmelpulver
100 g Emmentaler, gerieben
40 g geschmolzene Butter
1 Ei, 1 TL Vollmeersalz
1 EL Sesamsamen und
1 EL Steinsalz zum Bestreuen

Zubereitung und Backen wie Kümmelstangen.

## *Kräuterstangen*

*Programm: Schnell + Teig*
*Laufzeit + Aufgehen: 45 Minuten*

*190 ml lauwarme Buttermilch*
*2 EL Öl*
*1 TL Honig*
*350 g Dinkelvollkornmehl*
*1 TL Vollmeersalz*
*30 g Biohefe, zerbröckelt*

*Die Zutaten in der angegebenen Reihenfolge in den Backbehälter füllen. Die Herstellung der Füllung und die weitere Verarbeitung des Teigs wie im Originalrezept ab Schritt 3 beschrieben.*

## *Bayerische Bierstangen*

*Programm: Schnell + Teig*
*Laufzeit + Aufgehen: 45 Minuten*

*170 ml lauwarmes Wasser*
*40 g geschmolzene Butter*
*1/2 TL Honig*
*200 g Weizenvollkornmehl*
*50 g Grünkern, gemahlen*
*1/2 TL Vollmeersalz*
*1/2 TL Kümmelpulver*
*20 g Biohefe, zerbröckelt*

*Die Zutaten in der angegebenen Reihenfolge in den Backbehälter füllen. Nach Fertigstellung des Teigs weiter vorgehen wie im Originalrezept ab Schritt 2 beschrieben.*

# Kräuterstangen

**Für 12 Stangen**
**Teig**
190 ml lauwarme Buttermilch
1 TL Honig
30 g Biohefe
350 g Dinkelvollkornmehl
1 TL Vollmeersalz
2 EL Öl
2 EL fein gehackte Pistazienkerne

**Füllung**
30 g geschmolzene Butter
1 Ei, verquirlt
5 EL gemischte Kräuter nach Wahl, fein gehackt
100 g Pistazien, fein gehackt

1. Buttermilch mit Honig und Hefe verquirlen. Mit Mehl, Salz und Öl zu einem festen, elastischen Teig verarbeiten. Zugedeckt 60 Minuten ruhen lassen.
2. Den Teig nochmals durchkneten, zu einer Rolle formen und vierteln. Jedes Teigstück in drei gleich große Scheiben schneiden und zu einem Oval von etwa 30 x 12 cm auswalken.
3. Für die Füllung Butter, Ei, Kräuter und Pistazien vermischen. Nacheinander die ovalen Teigstücke mit Füllung bestreichen und von der Schmalseite her eng einrollen. Dabei sanft nach außen drücken, sodass die Rolle etwa 20 cm lang wird. Mit Wasser besprühen und mit fein gehackten Pistazien bestreuen.
4. Die Rollen auf das gefettete Blech legen und zugedeckt 15 – 20 Minuten gehen lassen. Den Backofen auf 220°C vorheizen und eine Schale mit kochendem Wasser hineinstellen. Die Stangen auf mittlerer Schiene etwa 20 Minuten goldgelb backen.

# Bayerische Bierstangen

**Für 16 Stück**
200 g Weizenvollkornmehl
50 g Grünkern, gemahlen
1/2 TL Vollmeersalz
1/2 TL Kümmelpulver
170 ml lauwarmes Wasser
40 g geschmolzene Butter
1 TL Honig
20 g Biohefe
1 Eigelb
1 EL Wasser
2 EL Kümmel zum Bestreuen

1. Mehl und Gewürze grob mischen, das mit Butter, Honig und Hefe verrührte Wasser unterrühren und das Ganze 5 – 10 Minuten zu einem festen Teig verkneten. Mit Folie und Tuch abdecken und an einem warmen Platz etwa 20 Minuten gehen lassen.
2. Den Teig nochmals eine Minute durcharbeiten und zu einer Rolle formen. Die Rolle in vier gleich große Stücke schneiden und jedes davon vierteln. Die Teigstücke auf der Arbeitsfläche mit beiden Handflächen zu 20 – 25 cm langen Rollen formen.
3. Das Eigelb mit 1 Esslöffel Wasser verquirlen. Die Stangen rundum damit bestreichen und mit Kümmel bestreuen. Gut zugedeckt auf dem gefetteten Blech weitere 10 Minuten gehen lassen.
4. Den Backofen auf 220°C vorheizen und eine Schale mit kochendem Wasser auf den Backofenboden stellen. Das Blech auf der zweiten Schiene von oben einschieben und die Stangen etwa 20 Minuten goldgelb backen.
Abkühlen lassen.

## Italienische Grissini

**Für 16 Stück**
250 g Weizenvollkornmehl
1/2 TL Vollmeersalz
1/4 TL Koriander
50 g Olivenöl, kalt gepresst
120 ml lauwarmes Wasser
1 TL Honig
20 g Biohefe
2 EL Milch zum Bestreichen
2 EL Sesam oder Mohn zum Bestreuen

Zubereitung und Backen wie Bayerische Bierstangen.

**▶ Tipp**
Bayerische Bierstangen schmecken nicht nur gut zu hellem wie zu dunklem Bier, mit etwas Butter bestrichen, sind sie als kleine Zwischenmahlzeit ein "Gedicht".
In Italien gehören Grissini zu jedem Essen. Auch zwischendurch und zum Wein knabbert man gerne die knusprigen Stangen.

## *Italienische Grissini*

*Programm: Schnell + Teig*
*Laufzeit + Aufgehen: 45 Minuten*

*120 ml lauwarmes Wasser*
*50 g Olivenöl, kalt gepresst*
*1 TL Honig*
*250 g Weizenvollkornmehl*
*1/2 TL Vollmeersalz*
*1/4 TL Koriander*
*20 g Biohefe, zerbröckelt*

*Die Zutaten in der angegebenen Reihenfolge in den Backbehälter füllen. Nach Fertigstellung des Teigs weiter vorgehen wie bei Bierstangen beschrieben.*

## *Zucchini-Ciabatta*

*Programm: Schnell + Teig*
*Laufzeit + Aufgehen: 45 Minuten*

*420 ml lauwarmes Wasser*
*1 TL Honig*
*6 EL Olivenöl, kalt gepresst*
*600 g Weizenvollkornmehl (Kleie aussieben und für die Füllung verwenden)*
*20 g Vollmeersalz*
*Gewürzpulver: je 1/2 TL Kardamom und Koriander, 2 TL Rosmarin, 1 TL Knoblauch*
*1 Päckchen Vegetamin Trockenhefe*
*Zutaten für die Füllung wie im Originalrezept*

*Die Zutaten in der vorgegebenen Reihenfolge in den Backbehälter geben.*
*Während der Backautomat den Teig herstellt, die Füllung zubereiten wie im Originalrezept vorgegeben.*
*Weiterverarbeiten wie ab Schritt 3 beschrieben.*

# Zucchini-Ciabatta

**Für 1 Brot**
**Teig**
420 ml lauwarmes Wasser
1 TL Honig
1 Würfel Biohefe
600 g Weizenvollkornmehl,
Kleie ausgesiebt für die Füllung
2 TL Vollmeersalz
Gewürzpulver: je 1/2 TL Kardamom und Koriander,
2 TL Rosmarin, 1 TL Knoblauch
6 EL Olivenöl, kalt gepresst
1 verquirltes Eigelb
Mehl für die Arbeitsfläche

**Füllung**
1 Zwiebel, gehackt
50 g Butter
250 g Zucchini, geraffelt
200 g Tiefkühlspinat, ausgedrückt
ausgesiebte Weizenkleie von der Teigzubereitung
Gewürzpulver: 1 TL Kräutersalz, 1/4 TL Pfeffer,
1/2 TL Salbei, 1 TL Thymian

1. Wasser mit Honig und Hefe verrühren, die übrigen Zutaten außer dem Eigelb dazugeben und gründlich verkneten. Zugedeckt bis zur doppelten Höhe aufgehen lassen.
2. Die Zwiebel in Butter goldgelb braten. Mit den übrigen Zutaten gründlich vermengen.
3. Den Teig teilen und zu zwei Ovalen von etwa 20 x 30 cm ausrollen. Eines der Ovale auf das gefettete Blech legen und die Füllung darauf verteilen. Einen Rand von 2 cm frei lassen und mit Eigelb bestreichen. Das zweite Oval darauf legen und die Ränder fest andrücken. Die Oberfläche mit Eigelb bestreichen.
4. Das gefüllte Teigstück weitere 20 Minuten gehen lassen, dann im auf 220°C vorgeheizten Ofen 40 – 50 Minuten goldbraun backen; eine Schale mit heißem Wasser dazustellen. Nach 10 Minuten Backzeit mit einer Stricknadel an mehreren Stellen in die Oberfläche stechen, damit die Luft entweichen kann.

**Heiß aus dem Backofen und mit einer fruchtigen Tomatensoße serviert, schmeckt die Ciabatta am besten.**

## Harlekinrolle

*Program: Schnell + Teig*
*Laufzeit + Aufgehen: 45 Minuten*

***Paprikateig***
*150 ml lauwarmer Tomatensaft*
*2 EL Tomatenmark, 1 Ei*
*30 g geschmolzene Butter*
*1 TL Honig*
*375 g Weizenvollkornmehl, gesiebt*
*(Kleie fürs Müsli verwenden)*
*1 TL Vollmeersalz*
*1 EL Paprikapulver, edelsüß*
*1/2 Würfel Biohefe*
*Zutaten für den Spinatteig wie im Originalrezept*

*Die Zutaten für den Paprikateig in der angegebenen Reihenfolge in den Backbehälter füllen. Während der Paprikateig im Backautomaten geknetet wird, den Spinatteig mit dem Handrührgerät zubereiten. Dann weitere Verarbeitung wie im Originalrezept beschrieben.*

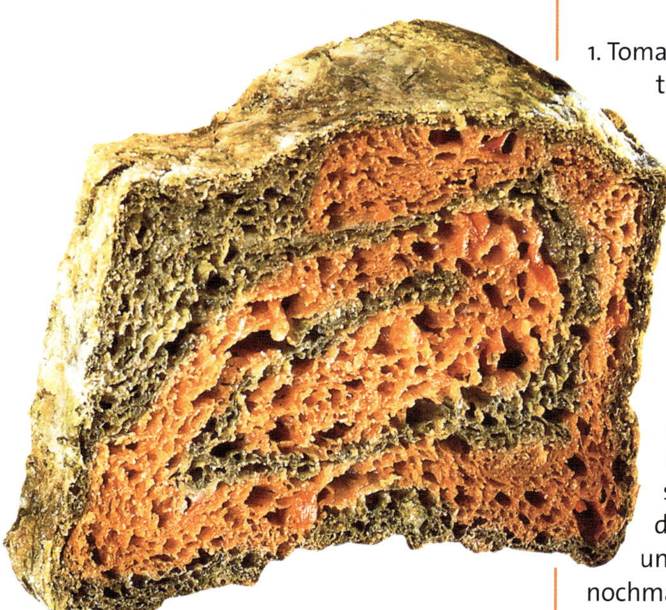

# Harlekinrolle

**Für 1 Springform mit Kranzeinsatz (26 cm Ø)**
**Paprikateig**
150 ml lauwarmer Tomatensaft
1/2 Würfel Biohefe,
1 TL Honig
30 g zimmerwarme Butter
160 g rote Paprikawürfel
250 g Weizenvollkornmehl, gesiebt
1 TL Vollmeersalz
1 EL Paprikapulver, edelsüß
2 EL Tomatenmark, 1 Ei

**Spinatteig**
250 g tiefgefrorener Spinat
1/2 Würfel Biohefe, 1 TL Honig
30 g zimmerwarme Butter
250 g Weizenvollkornmehl
1 TL Salz, 1/4 TL Pfeffer
1/2 TL Muskatnuss, gerieben
1 EL Kräuter (Petersilie, Kerbel, Dill), fein geschnitten
1 Ei

*außerdem*
1 Eigelb zum Bestreichen
Butter für die Form
Mehl für die Arbeitsfläche

1. Tomatensaft bzw. angewärmten Spinat mit Hefe, Honig und Butter verrühren und mit den übrigen Zutaten gründlich verkneten. Beide Teige abdecken und an einem warmen Platz bis zur doppelten Höhe aufgehen lassen.
2. Beide Teige auf bemehlten Küchentüchern zu Rechtecken auswalken; den Spinatteig etwa 60 x 40 cm, den Paprikateig etwa 60 x 30 cm.
3. Die Paprika-Teigplatte mit etwas Mehl bepudern und durch Hochziehen der Längsseite des Küchentuches einrollen. Die Rolle auf die lange Seite des Spinatteigs legen und wieder entrollen.
4. Mit Hilfe des Küchentuchs eine grün-rote Rolle formen (mit der langen Seite beginnen). Die Hände unter das Tuch schieben und die Rolle mit dem Teigschluss nach unten auf den Kranzeinsatz legen. Den Rand der Springform fixieren und die Teigoberfläche mit Eigelb bestreichen. Zugedeckt nochmals 30 Minuten warm stellen.
5. Den Backofen auf 220°C vorheizen und eine Schale mit kochendem Wasser hineinstellen. Die Rolle nochmals mit Eigelb bestreichen und auf der mittleren Schiene 50 – 60 Minuten backen. Während der letzten 10 Minuten eventuell mit Alufolie abdecken.

# Gerstenknäckebrot

**Für 20 Stück**
125 g Nacktgerste, gemahlen
125 g Weizenvollkornmehl
1/2 TL Vollmeersalz
Gewürzpulver: je 1/4 TL Kardamom und Piment
130 ml lauwarmes Wasser
50 g geschmolzene Butter
Butter für das Blech
3 EL Sesam zum Bestreuen

1. Die Mehle mit den Gewürzen mischen, Wasser und Butter hinzufügen und alles zu einem festen Teig verkneten. Eine Kugel formen, mit Öl einpinseln und abgedeckt an einem warmen Platz etwa 60 Minuten ruhen lassen. Inzwischen den Backofen auf 200°C vorheizen.
2. Den Teig in zwei gleich große Stücke teilen. Die Teile auf einem gefetteten Blech etwa 3 mm dick ausrollen und mit Sesam bestreuen; die Samen fest andrücken. Mit einem Teigrädchen oder scharfen Messer Quadrate, Rechtecke oder andere Formen einritzen. Mehrere Male mit der Gabel einstechen und etwa 15 Minuten hell backen. Auf einem Gitter auskühlen lassen.

*Knäckebrote sind nicht für den Backautomaten geeignet.*

# Brotkonfekt

**Für 2 Backbleche**
1 EL Honig
200 ml lauwarme Milch
400 g Weizenvollkornmehl
2 Eier, 2 TL Vollmeersalz
50 g geschmolzene Butter
Butter für die Backbleche
je 1 EL Sonnenblumenkerne, Sesam, Kümmel, Leinsamen, Mohn, gehackte Kürbiskerne zum Bestreuen

1. Honig in der Milch auflösen. Das Mehl mit der Honigmilch und den übrigen Zutaten vermengen und zu einem glatten Teig verarbeiten. Abgedeckt etwa 60 Minuten ruhen lassen.
2. Den Teig auf zwei gefetteten Blechen ausrollen. Die Samenmischung dicht darüber ausstreuen und fest andrücken. Mit dem Teigrädchen Rechtecke, Quadrate oder Rauten in die Teigplatten ritzen, die nach dem Backen voneinander getrennt werden.
3. Backen wie Knäcke.

# Brote zum Naschen

*Schwäbischer Apfelwecken*

*Programm: Basis, Stufe II*
*Backzeit: 3:30*

*300 ml lauwarmes Wasser*
*50 g geschmolzene Butter*
*50 g Honig*
*550 g Weizenvollkornmehl, gesiebt*
*2 EL Weizenkleber*
*1/4 TL Vollmeersalz*
*2 TL Anis*
*1/2 TL Zimt*
*100 g Dörräpfel, fein geschnitten*
*100 g Mandeln, gehackt*
*70 g Sultaninen*
*15 g Vegetamin Trockenhefe oder*
*30 g Biohefe, zerbröckelt*
*1 EL Butter zum Bestreichen*

*Die Zutaten in der vorgegebenen Reihenfolge in den Backbehälter geben.*
*Vor dem letzten Aufgehen die Knetschaufeln (siehe Seite 20) entfernen.*

# Schwäbischer Apfelwecken

**Für 1 ovale Form (30 cm)**
800 g Weizenvollkornmehl
3 TL Anis
1 TL Zimt
1/2 TL Vollmeersalz
50 g Honig
1 Würfel Biohefe
400 ml lauwarmes Wasser
150 g Dörräpfel, feine Streifen
150 g Mandeln, gehackt
100 g Sultaninen
30 g Butter zum Bestreichen
50 g Mandelstifte zum Bestreuen
Butter für die Form

1. Mehl und Gewürze mischen. Honig und Hefe mit Wasser verrühren und zur Mehl-Gewürz-Mischung geben. Das Ganze 10 Minuten zu einem glatten Teig verkneten. Zugedeckt an einem warmen Ort etwa 20 Minuten bis zur doppelten Höhe aufgehen lassen.
2. Äpfel, Mandeln und Sultaninen einkneten. Danach den Teig zu einer Kugel formen, rundum mit Mandelstiften bestreuen und in die gebutterte Form füllen. Mit Butter bestreichen und zugedeckt weitere 30 Minuten warm stellen.
3. Den Backofen auf 220°C vorheizen und eine Schale mit kochendem Wasser hineinstellen. Das Brot auf zweiter Schiene von unten etwa 60 Minuten backen; zwischendurch die Oberfläche 2 – 3mal mit Butter bestreichen. Das Brot auf einem Gitterrost auskühlen lassen.

**▶ Tipp**
Die ausgesiebte Kleie fürs Frühstücksmüsli verwenden!

**Der Apfelwecken ist saftig und mit selbst gemachtem Fruchtmus (Rezepte Seite 154 – 156) ein besonderer Genuss für Groß und Klein.**

*Rheinländisches Sonntagsbrot*

*Programm: Hefekuchen oder Basis, Stufe I*
*Backzeit: 3:20*

*1/4l lauwarme Milch*
*30 g zimmerwarme Butter*
*1 Ei*
*2 EL Honig*
*450 g Weizenvollkornmehl, gesiebt*
*1/2 TL Vollmeersalz*
*1 TL Anis, gemahlen*
*1 TL Fenchel, gemahlen*
*je 50 g Zitronat und Orangeat, kleine Würfel*
*50 g Haselnüsse, gehackt*
*100 g Rosinen*
*1 Päckchen Vegetamin Trockenhefe*

*Die Zutaten in der vorgegebenen Reihenfolge in den Backbehälter füllen.*

# Rheinländisches Sonntagsbrot

**Für 1 Kastenform (30 cm lang)**
450 g Weizenvollkornmehl, gesiebt
1/2 TL Vollmeersalz
1 TL Anis, gemahlen
1 TL Fenchel, gemahlen
30 g zimmerwarme Butter
1 Ei
1/4 l lauwarme Milch
2 EL Honig
1 Würfel Biohefe
je 50 g Zitronat und Orangeat, kleine Würfel
50 g Haselnüsse, gehackt
100 g Rosinen
50 g geschmolzene Butter für die Form und zum Bestreichen
Mehl für die Arbeitsfläche

1. Mehl mit den Gewürzen mischen und mit Butter und Ei grob vermischen. Milch mit Honig und Hefe verrühren, unter das Mehlgemisch mengen und in wenigen Minuten zu einem weichen Teig verarbeiten.
2. Den Teig gut abgedeckt an einem warmen Platz etwa 20 Minuten gehen lassen. Anschließend Zitronat, Orangeat, Haselnüsse und Rosinen unterkneten.
3. Mit Folie und Tuch abdecken und nochmals etwa 10 Minuten gehen lassen. Das Brot geht während der Aufheizungsphase im Backofen noch weiter auf.
4. Das Brot mit Butter bestreichen und auf der mittleren Schiene in den kalten Backofen schieben. Mit Alufolie abdecken und 30 Minuten bei 220°C backen. Dann die Folie abnehmen und etwa 20 Minuten weiterbacken. Das Brot aus der Form nehmen und ringsum mit Butter bestreichen. Wieder in den Ofen stellen, den Thermostat abschalten und 10 Minuten Nachhitze einwirken lassen.

▶ **Tipp**
Das Sonntagsbrot schmeckt – mit Butter und Honig bestrichen – zum Frühstück wie zum Five-o'clock-Tea gleichermaßen lecker.

# Karibisches Bananenbrot

**Für 1 Kastenform (30 cm lang)**
100 g Rosinen
4 EL Rum
100 g geschmolzene Butter
2 Eier
80 g Honig
1 Würfel Biohefe
300 g Bananen, zerdrückt
650 g Weizenvollkornmehl, gesiebt
3 TL Ingwer, frisch gerieben
1 TL Bourbon-Vanillepulver
1/4 TL Vollmeersalz
100 g Pecannüsse, gehackt
Butter für die Form

1. Die Rosinen über Nacht in Rum einweichen.
2. Butter, Eier und Honig mit der Hefe verquirlen. Die Bananen unterrühren, Mehl und Gewürze vermischen und nach und nach hinzufügen. Das Ganze 10 Minuten gut durchkneten. Abgedeckt etwa 1/2 Stunde gehen lassen. Zwischenzeitlich den Ofen auf 200°C vorheizen und eine Schale mit kochendem Wasser hineinstellen.
3. Nüsse und Rosinen in den gegangenen Teig kneten und in die gefettete Form füllen. Abgedeckt nochmals 30 Minuten gehen lassen, dann auf der mittleren Schiene 50 – 60 Minuten backen.

▶ **Tipp**
Die Mehlmenge des Brotes hängt vom Flüssigkeitsgehalt der Früchte ab. Ist der Teig zu klebrig, nach und nach weiteres Mehl unterkneten, bis sich der Teig von der Schüssel löst.

## *Karibisches Bananenbrot*

*Programm: Basis, Stufe 1*
*Backzeit: 3:20*

*80 ml lauwarmes Wasser*
*65 g geschmolzene Butter*
*1 Ei und 1 Eigelb, verquirlt*
*50 g Honig*
*200 g Bananen, zerdrückt*
*80 g Rosinen, über Nacht eingeweicht in 3 EL Rum*
*550 g Weizenvollkornmehl, gemischt mit*
*2 EL Weizenkleber*
*2 TL Ingwer, frisch gerieben*
*1 gestrichener TL Bourbon-Vanillepulver*
*1 Msp. Vollmeersalz*
*70 g Pecannüsse, gehackt, wahlweise Cashewkerne*
*1 Päckchen Vegetamin Trockenhefe*

*Die Zutaten in der vorgegebenen Reihenfolge in den Backbehälter geben. Vor dem letzten Aufgehen die Knetschaufeln (siehe Seite 20) entfernen.*

## *Fränkischer Osterzopf*

*Programm: Schnell + Teig*
*Laufzeit + Aufgehen: 45 Minuten*

*200 g lauwarmer Sauerrahm*
*125 g zimmerwarme Butter*
*Saft einer Zitrone*
*2 Eier, verquirlt*
*100 g Honig*
*700 g Weizenvollkornmehl*
*1 TL Vollmeersalz*
*1 TL Bourbon-Vanillepulver*
*Schale einer Zitrone, gerieben*
*je 70 g Zitronat und Orangeat, kleine Würfel*
*150 g Rosinen, über Nacht in 3 EL Kirschwasser eingeweicht*
*1 Würfel Biohefe, zerbröckelt*
*5 verschiedenfarbige Ostereier*
*30 g Butter zum Bestreichen*
*1 EL Mohn zum Bestreuen*

*Alle Zutaten außer Ostereier, Butter und Mohn in der angegebenen Reihenfolge in den Backbehälter füllen. Den fertigen Teig weiterverarbeiten wie im Originalrezept ab Schritt 4 beschrieben.*

**Diese fränkische Spezialität ist genau das Richtige für den festlich gedeckten Frühstückstisch zu Ostern.**

# Fränkischer Osterzopf

**Für 1 Laib**
150 g Rosinen
3 EL Kirschwasser
700 g Weizenvollkornmehl
1 TL Vollmeersalz
1 TL Bourbon-Vanillepulver
Schale einer Zitrone, gerieben
je 70 g Zitronat und Orangeat (Seite 107), kleine Würfel
Saft einer Zitrone
2 Eier
200 g lauwarmer Sauerrahm
125 g zimmerwarme Butter
100 g Honig
1 Würfel Biohefe
5 verschiedenfarbige Ostereier
30 g Butter zum Bestreichen
1 EL Mohn zum Bestreuen
Mehl für die Arbeitsfläche

1. Die Rosinen über Nacht in Kirschwasser einweichen.
2. Mehl, Gewürze, Zitronenschale, Zitronat, Orangeat, Rosinen, Zitronensaft und Eier in einer Schüssel grob vermischen.
3. Sauerrahm, Butter, Honig und Hefe verquirlen und zu dem Mehlgemisch geben. Alles etwa 10 Minuten lang zu einem glatten Teig verkneten.
4. Den Teig gut abgedeckt an einem warmen Ort 30 Minuten gehen lassen, bis sich das Volumen etwa verdoppelt hat. Dann nochmals kurz durchkneten und den Teig in vier gleich große Stücke teilen.
5. Auf der bemehlten Arbeitsfläche drei der Stücke zu etwa 60 cm langen Rollen formen und zu einem Zopf flechten. Zopfanfang und -ende gut zusammendrücken. Den Zopf von der bemehlten Platte auf das gefettete Blech gleiten lassen.
6. Das vierte Teigstück zu einer Rolle formen und so auf den Zopf legen, dass von dem Zopf seitlich etwa 6 cm sichtbar bleiben. Mit einem geölten Löffelstiel fünf Mulden in den Zopf eindrücken. Die eingeölten Eier so hineinpressen, dass noch etwa ein Drittel von ihnen sichtbar bleibt.
7. Den Zopf mit geschmolzener Butter bestreichen und dünn mit Mohn bestreuen. Das Blech sofort auf der zweiten Schiene von unten in den kalten Ofen schieben und 40 – 50 Minuten bei 200°C backen. Auf einem Gitterrost auskühlen lassen.

**▶ Tipp**
Die Eier während der letzten Viertelstunde mit selbst geformten Häubchen aus Alufolie abdecken, damit sie sich nicht verfärben.

# Skandinavisches Sonnwendbrot

**Für 2 Brote**
250 g Weizenvollkornmehl
250 g Dinkelvollkornmehl
100 g Mandeln, gemahlen
1/4 TL Salz
1/2 TL Bourbon-Vanillepulver
1 Zitronenschale, gerieben
150 g geschmolzene Butter
1 Ei
100 g Honig
1 Würfel Biohefe
200 ml Milch
12 Mandeln zum Verzieren
1 Eigelb zum Bestreichen
Mehl für die Arbeitsfläche

1. Mehl mit den Gewürzen mischen und grob mit Butter und Ei vermengen. Die mit Honig und Hefe verquirlte Milch hinzufügen und alle Zutaten etwa 5 Minuten lang zu einem glatten Teig verkneten. Den Teig mit Folie und Tuch abgedeckt über Nacht im Kühlschrank gehen lassen.
2. Am nächsten Morgen den Teig nochmals etwa 1 Minute durcharbeiten. Den Teig in zwei gleich große Teile schneiden. Jedes Teigstück auf der bemehlten Arbeitsfläche so groß ausrollen, dass eine Scheibe von etwa 20 Zentimetern Durchmesser ausgestochen werden kann (z. B. mit dem Rand einer Schüssel).
3. Aus den Rändern der beiden Scheiben mit angefeuchtetem Messer gleichmäßige Dreiecke ausschneiden, sodass ein Zackenrand entsteht. Auf das mit Folie belegte Blech legen und mit Eigelb bestreichen.
4. Aus den Teigresten eine Rolle formen und in vier gleich große Stücke teilen. Zwei der Teigstücke zu etwa 25 cm langen Strängen rollen und an beiden Enden s-förmig zu kleinen Schnecken einrollen. Die beiden Gebilde in der Mitte einer der Scheiben über Kreuz aufeinanderlegen und ebenfalls mit Eigelb bestreichen.
5. Die restlichen zwei Teigstücke halbieren, zu vier etwa 15 cm langen Strängen rollen. Die Enden der Teigstränge jeweils zu kleinen Schnecken einrollen, die sich in der Mitte berühren. Auf das zweite Sonnwendbrot legen und mit Eigelb bestreichen. Auf beiden Broten die freien Stellen zwischen den Gebilden mit den ganzen Mandeln verzieren.
6. Die Sonnwendbrote zudecken und an einem warmen Ort etwa bis zur doppelten Höhe aufgehen lassen. Dann auf der untersten Schiene in den kalten Backofen schieben und bei 175°C in 30 – 40 Minuten goldbraun backen.

## Skandinavisches Sonnwendbrot

*Programm: Schnell + Teig*
*Laufzeit + Aufgehen: 45 Minuten*

*200 ml Milch*
*100 g Honig*
*150 g geschmolzene Butter*
*1 Ei, verquirlt*
*250 g Weizenvollkornmehl*
*250 g Dinkelvollkornmehl*
*100 g Mandeln, gemahlen*
*1/4 TL Salz*
*1/2 TL Bourbon-Vanillepulver*
*1 Zitronenschale, gerieben*
*1 Würfel Biohefe, zerbröckelt*
*12 Mandeln zum Verzieren*
*1 Eigelb zum Bestreichen*

*Außer Mandeln und Eigelb alle Zutaten in der angegebenen Reihenfolge in den Backbehälter füllen. Den fertigen Teig in den Kühlschrank stellen und am nächsten Morgen weiterverarbeiten wie im Originalrezept ab Schritt 2 beschrieben.*

# Englisches Gingerbread

**Für 1 Kastenform (30 cm lang)**
150 g Sultaninen
4 EL Whisky
700 g Weizenvollkornmehl
1 TL Vollmeersalz
1 TL Bourbon-Vanillepulver
1 Zitronenschale, gerieben
125 g zimmerwarme Butter
2 Eier
150 ml lauwarmes Wasser
100 ml lauwarme Sahne
1 Würfel Biohefe
100 g Honig
150 g eingelegter Ingwer (Seite 26; ohne Sirup), kleine Würfel
100 g Mandeln, gestiftelt
Butter für die Form
2 EL Milch zum Bestreichen

1. Die Sultaninen über Nacht in Whisky einweichen.
2. Das Mehl mit den Gewürzen mischen und mit Butter und Eiern grob vermengen. Wasser mit Sahne, Hefe und Honig verrühren, zu den übrigen Zutaten geben und alles 5 – 10 Minuten gut durchkneten. Den Teig an einem warmen Platz etwa 20 – 30 Minuten gehen lassen.
3. Ingwer, Sultaninen und Mandeln einkneten und den Teig in die gefettete Form geben. Mit Milch bestreichen und nochmals 10 – 15 Minuten gehen lassen. Der Teig soll sich deutlich hochwölben.
4. Die Form mit Alufolie bedeckt auf der zweituntersten Schiene in den kalten Backofen schieben. 30 Minuten bei 220°C backen, dann die Folie entfernen und 20 Minuten bei 180°C backen. Das Brot auf ein kaltes Blech stürzen und 10 Minuten Nachhitze auf die Unterseite einwirken lassen. Das Brot zum Auskühlen auf ein Gitter legen.

## *Englisches Gingerbread*

*Programm: Basis; Stufe I*
*Backzeit: 3:20*

*100 ml lauwarme Sahne*
*150 ml lauwarmes Wasser*
*1 Ei und 1 Eigelb, verquirlt*
*70 g Honig*
*80 g geschmolzene Butter*
*100 g Sultaninen, über Nacht eingeweicht in*
*3 EL Whisky*
*620 g Weizenvollkornmehl, vermischt mit*
*2 EL Weizenkleber*
*1/2 TL Vollmeersalz*
*1 TL Bourbon-Vanillepulver*
*Schale von 1 unbehandelten Zitrone, gerieben*
*3 TL Ingwerwurzel, frisch gerieben*
*100 g eingelegte Ingwernüsse, klein gewürfelt*
*70 g Mandeln, gehackt*
*1 Würfel Biohefe, zerbröckelt*
*1 EL Milch zum Bestreichen*

*Alle Zutaten außer der Milch in der vorgegebenen Reihenfolge in den Backbehälter füllen.*
*Vor dem letzten Aufgehen die Knetschaufeln (siehe Seite 20) entfernen und die Teigoberfläche mit Milch bestreichen.*

# Altbayerisches Adventsbrot (Hutzelbrot)

*Das Altbayerische Adventsbrot (Hutzelbrot) ist nicht für den Backautomaten geeignet.*

**Für 2 längliche Brote oder 2 Kastenformen (30 cm lang)**
unbehandelte Trockenfrüchte:
je 250 g Hutzeln (getrocknete Birnen) und Zwetschgen
1/2 l Einweichwasser
400 g Weizenvollkornmehl
1 Tüte Weinsteinbackpulver
1/4 TL Vollmeersalz
Gewürzpulver: 1/4 TL Gewürznelke, 2 TL Anis,
1/2 TL Fenchel, 1 TL Zimt
1/4 l Kochwasser der Hutzeln
2 EL Obstler (z. B. Zwetschgenwasser 40%)
4 EL Honig
50 g Biohefe
250 g Feigen, feine Streifen
250 g Aprikosen, feine Streifen
250 g Sultaninen
je 30 g Orangeat und Zitronat (Seite 107), kleine Würfel
1 TL Zitronenschale, gerieben
250 g Haselnüsse, gehackt
Butter für die Kastenform
20 Mandeln zum Verzieren
2 EL Honig
10 EL Hutzelwasser

1. Hutzeln und Zwetschgen über Nacht in Wasser einweichen. Am nächsten Tag die Zwetschgen herausnehmen und die Hutzeln im Einweichwasser etwa 30 Minuten weich kochen. Das Kochwasser auffangen.
2. Mehl, Backpulver und Gewürze mischen, Hutzelwasser mit Obstler, Honig und Hefe verrühren und mit dem Mehlgemisch vermengen. Alles etwa 10 Minuten durchkneten, gut abgedeckt warm stellen und 20 Minuten gehen lassen.
3. Hutzeln und Zwetschgen in Streifen schneiden und mit den übrigen zerkleinerten Trockenfrüchten sowie Orangeat, Zitronat, Zitronenschale und Nüssen in den gegangenen Teig kneten. Anschließend den Teig abgedeckt an einem warmen Ort nochmals etwa 1 Stunde gehen lassen, bis er an Volumen deutlich zugenommen hat.
4. Zwei Laibe formen und auf ein gefettetes Blech legen. Falls Sie Formen verwenden, nur bis zur halben Höhe füllen, damit das Brot gut durchbackt. 2 Esslöffel Honig in 10 Esslöffeln Hutzelwasser auflösen. Die Brote damit bestreichen und mit Mandeln verzieren.
5. Nach einer weiteren Ruhezeit von etwa 30 Minuten auf der mittleren Schiene bei 175°C 50 – 60 Minuten backen; ab und zu mit Hutzelwasser bestreichen. Die Brote nach dem Backen zwei Tage kühl und luftig lagern, danach in Alufolie wickeln.

**Das Adventsbrot schmeckt bei richtiger Lagerung auch noch nach Monaten.**

# Altdeutsches Weihnachtsbrot

**Für 1 ovale Brotform (30 cm lang) und 1 runde Brotform (26 cm Ø)**
250 g Sultaninen
125 g Korinthen
80 ml Rum (40%)
1 kg Weizenvollkornmehl
Gewürzpulver: je 2 TL Bourbon-Vanille, Kardamom,
Zimt, Ingwer
1/2 TL Macis
1 TL Vollmeersalz
125 g Butter, zerlassen
125 g Butterschmalz, zerlassen
2 Eier
1 Eigelb
Saft einer Zitrone
Schale von 1 unbehandelten Zitrone, gerieben
380 ml Mineralwasser
180 g Honig
120 g Biohefe
je 200 g Orangeat und Zitronat (Seite 107), kleine Würfel
200 g Mandeln, gestiftelt
Butter für die Formen
Mandeln zum Verzieren
Mehl für die Arbeitsfläche

1. Die Sultaninen und Korinthen über Nacht in Rum einlegen.
2. Mehl und Gewürze mischen und mit Fett, Eiern und Eigelb sowie mit Zitronensaft und -schale grob vermengen.
3. Das mit Honig und Hefe verrührte Wasser dazugeben und alles 10 Minuten gut durchkneten. Die Schüssel mit Folie und Tuch bedecken und den Teig bei 28 – 30°C etwa 20 – 30 Minuten gehen lassen, bis er sich nahezu verdoppelt hat.
4. Die Rumfrüchte, Orangeat, Zitronat und Mandeln einkneten und den Teig halbieren. Auf einem bemehlten Küchentuch die eine Hälfte zu einer Kugel, die andere zu einem länglichen Laib formen.
5. Mit Mandeln hübsch verzieren und anschließend mit Hilfe des Tuches (Hände unter das Tuch schieben) mit der dekorierten Seite nach unten in die gut gefetteten Brotformen stürzen und glatt streichen. Abgedeckt weitere 30 – 60 Minuten gehen lassen.
6. Auf die zweite Schiene von unten in den kalten Ofen schieben und bei 180°C backen. Nach etwa 40 Minuten die Brote mit Alufolie bedecken und 30 Minuten weiterbacken.
7. Die fertigen Brote in den Formen auf dem Gitterrost etwa 10 Minuten auskühlen lassen. Anschließend auf den Rost gleiten lassen und, wenn sie vollständig ausgekühlt sind, in Tüten aus Lebensmittelfolie packen.

## *Altdeutsches Weihnachtsbrot*

*Programm: Basis; Stufe I*
*Backzeit: 3:20*

*180 ml lauwarmes Mineralwasser*
*1 EL Zitronensaft*
*100 g geschmolzene Butter*
*1 Ei, verquirlt*
*70 g Honig*
*620 g Weizenvollkornmehl. gemischt mit*
*2 EL Weizenkleber*
*je 60 g Sultaninen und Korinthen, am Vorabend eingeweicht in*
*30 ml Rum (40%)*
*Gewürzpulver: je 1 gestrichener TL Bourbonvanille, Kardamom, Zimt, Ingwer, 1 Msp. Macis*
*Schale von 1/2 unbehandelten Zitrone, gerieben*
*1/2 TL Vollmeersalz*
*je 60 g Orangeat und Zitronat (Seite 107), kleine Würfel*
*60 g Mandeln, gehackt*
*1 Würfel Biohefe, zerbröckelt*
*12 Mandeln zum Verzieren*

*Alle Zutaten außer den ganzen Mandeln in der vorgegebenen Reihenfolge in den Backbehälter füllen. Vor dem letzten Aufgehen die Knetschaufeln (siehe Seite 20) entfernen und die Oberfläche des Teigs mit Mandeln verzieren.*

# Nürnberger Honigbrot (Echte Elisenlebkuchen)

**Für 24 Oblaten (10 cm Ø)**
5 Eier
450 g Honig
1 EL Rum
650 g geschälte Mandeln, gerieben
100 g geschälte Mandeln, gehackt
15 g Biohefe oder
2 TL Weinsteinbackpulver (nach Wunsch)
20 g Zimt
je 1 TL (schwach gehäuft) Kardamom, Macis, Gewürznelke, Piment, Ingwer, Bourbon-Vanille
Schale von 1 unbehandelten Zitrone, gerieben
je 150 g Zitronat und Orangeat, kleine Würfel
100 g Mandeln zum Verzieren

1. Eier mit Honig, wahlweise Hefe und Rum schaumig rühren.
2. Gemahlene Mandeln mit (wahlweise Backpulver) gehackten Mandeln, Gewürzen und Zitronenschale mischen und nach und nach in den Eierschaum rühren. Zum Schluss Zitronat und Orangeat unterziehen.
3. Den Teig mit einem befeuchteten Messer gleichmäßig dick auf Oblaten streichen. Die Honigbrote auf zwei gefettete Backbleche legen und mit Mandeln verzieren. Die Bleche nacheinander auf der zweiten Schiene von unten in den auf 175°C vorgeheizten Backofen schieben und 20–25 Minuten hellbraun backen. Beim Umluftherd das zweite Blech auf die zweite Schiene von oben schieben und die Elisenlebkuchen bei 150°C backen.

# Orangeat und Zitronat selbst gemacht

4 unbehandelte Orangen
5 unbehandelte Zitronen
300 g flüssiger Honig (z. B. Akazienhonig)

1. Die Schalen der Orangen und Zitronen fein ablösen, in ein weithalsiges, hohes Schraubglas legen und den Honig darüber gießen. Den Honig mit einem Löffel gut verteilen, sodass die Schalen rundum benetzt werden.
2. Nach frühestens 3 Wochen ist das Orangeat beziehungsweise Zitronat durchgezogen. Die zur Verarbeitung benötigten Schalen können herausgenommen werden; der anhaftende Honig wird abgeschabt.

## *Nürnberger Honigbrot (Echte Elisenlebkuchen)*

*Programm: Schnell + Teig*
*Laufzeit: 45 Minuten*

*5 Eier*
*450 g Honig*
*1 EL Rum*
*650 g geschälte Mandeln, gerieben*
*100 g geschälte Mandeln, gehackt*
*15 g Biohefe oder*
*2 TL Weinsteinbackpulver*
*Schale von 1 unbehandelten Zitrone, gerieben*
*je 1 TL (schwach gehäuft) Kardamom, Macis, Gewürznelke, Piment, Ingwer, Bourbon-Vanille*
*20 g Zimt*
*je 150 g Zitronat und Orangeat, kleine Würfel*
*100 g Mandeln zum Verzieren*

*Alle Zutaten außer den ganzen Mandeln in der vorgegebenen Reihenfolge in den Backbehälter füllen. Nach Fertigstellung des Teigs weiter vorgehen wie im Originalrezept ab Schritt 3 beschrieben.*

P
S

# Brotaufstriche und Beläge

# Süßes Vital-Frühstück

**Für 1 Person**
3 EL Weizenkeimlinge oder 4 EL Weizenflocken
1 Scheibe Mehrkornbrot, Kastenform
50 g Crème fraîche
1 EL Zitronensaft
1 TL Honig
15 gehackte Haselnüsse
1/2 unbehandelte Orange, Scheiben
1 Kiwi, Scheiben
etwa 2 EL Sahne, geschlagen
Schale von 1/2 unbehandelten Orange, kleine Würfel
1 Scheibe Ananas, gewürfelt

1. Weizenkeimlinge oder Weizenflocken 30 Minuten in etwas Wasser quellen lassen.
2. Das Brot diagonal halbieren und so auf den Teller legen, dass sich in der Mitte eine Spalte bildet.
3. Crème fraîche mit Zitronensaft, Honig und der Hälfte der Nüsse und der Keimlinge verrühren. Das Müsli auf das Brot streichen und den Rest in die Spalte geben.
4. Über die Mitte Orangenscheiben legen und mit Kiwischeiben einrahmen. Mit etwas Schlagsahne dekorieren.
5. Die übrigen Keimlinge und gehackten Nüsse sowie Orangenschalen- und Ananaswürfel über das Obst streuen.

▶ **Tipp**
Sie können auch eine Tasse fein geschnittenes Obst direkt in das Müsli geben, auf dem Brot verteilen und mit Beeren, Obststückchen und Nüssen bestreuen.

# Pikantes Vital-Frühstück

**Für 1 Person**
2 Scheiben Leinsamenvollkornbrot (Kastenform)
2 mittelgroße Tomaten
1 EL Tomatenketchup (Seite 26)
2 EL Crème fraîche
1 EL Sahne
1 kleine Karotte, geraffelt
1/2 Apfel, geraffelt
1 TL Zwiebeln, gehackt
4 EL Weizenkeimlinge oder 4 EL Haferflocken
40 g Gruyèrekäse, geraffelt
1 EL Walnusshälften, gehackt
1/4 TL Kräuterpulver
Kräutersalz
Paprikapulver, edelsüß
Pfeffer aus der Mühle
2 – 3 grüne Salatblätter
3 bunte Paprikaringe
1 TL Kresse

1. Die Vollkornbrote halbieren und die Hälften so aneinanderlegen, dass sich in der Mitte ein leeres Quadrat bildet.
2. Die Tomaten halbieren. Das Kernhaus herauslöffeln und mit Tomatenketchup und Crème fraîche verrühren.
3. Das Tomatenfleisch in Würfel schneiden und mit den weiteren Zutaten unter die Creme mengen. Mit Kräutersalz und den Gewürzen pikant abschmecken.
4. Das pikante Müsli auf das Brot streichen und den Rest in das Quadrat geben. Mit Salatblättern, bunten Paprikaringen und Kresse garnieren.

▶ **Tipp**
Falls das pikante Müsli zu fest gerät, noch ein wenig Sahne oder Tomatensaft hinzufügen.

# Gemüseaspik in Paprikaringen

**Für 12 Paprikaringe**
4 bauchige, verschiedenfarbige Paprikaschoten
Öl
3/4 l Gemüsebrühe (Frugola)
1/2 TL Salz
Pfeffer aus der Mühle
100 – 120 g Obstessig
2 TL Agar-Agar
100 g Karotten, klein gewürfelt
100 g Mais, frisch oder tiefgekühlt
100 g Erbsen, tiefgekühlt
4 Cornichons, klein gewürfelt
100 g Zucchini, klein gewürfelt
20 Spargelspitzen von dünnen Stengeln, gedünstet
3 Spargelenden, gedünstet und dünn geschnitten
12 halbe kleine Chilischoten (scharf) oder
12 Scheibchen von Cocktailtomaten (mild)
Petersilienblätter und Zucchinischale zum Verzieren

1. Aus dem Mittelteil jeder Paprika drei Ringe von etwa 1,5 cm Höhe schneiden. Aus den restlichen Paprikateilen Herzen stechen.
2. Ein großes Küchenbrett mit Klarsichtfolie belegen, leicht mit Öl einpinseln, die Paprikaringe darauf setzen und kühl stellen.
3. In der Zwischenzeit für das Aspik die Gemüsebrühe mit Salz, Pfeffer und Essig abschmecken, Agar-Agar einrühren und unter ständigem Rühren 5 Minuten kochen.
4. In jeden Paprikaring 2 – 3 Esslöffel abgekühltes Aspik geben, im Kühlschrank wenige Minuten leicht erstarren lassen, dann im Wechsel eine dünne Schicht gemischte Gemüsewürfel und eine dünne Schicht Aspik einfüllen. Eventuell jede Aspikschicht im Kühlschrank kurz erstarren lassen.
5. Die oberste Gemüselage dekorativ mit Paprikaherzen, Streifen aus Zucchinischale, Spargelspitzen, kleinen Chilischoten (oder Kirschtomaten) und Kräuterblättchen auslegen. Mit einer dünnen Aspikschicht überziehen.
6. Nach etwa 3 Stunden Ruhezeit im Kühlschrank lassen sich die gefüllten Paprikaringe leicht von der Folie abheben und auf Teller setzen.

# Orange und Kiwi auf Gervaisschaum

**Für 4 Personen**
**Gervaisschaum**
400 g Gervais-Hüttenkäse
10 – 12 EL Sahne
15 Tropfen Knoblauchsaft, frisch gepresst
2 – 3 TL eingelegter, grüner Pfeffer, fein gehackt
1 – 2 TL Kräutersalz

**1. Etage**
4 Scheiben Mehrkornbrot
2 Stauden Chicorée
3 Kiwis, in dicke Scheiben geschnitten
1 Becher Kirschtomaten für beide Etagen
1 Kästchen Kresse

**2. Etage**
4 Scheiben Vollkorn-Knäckebrot
1 Handvoll Eichblattsalat
1 unbehandelte Orange, Scheiben
1 kleine, grüne Paprika, kleine Würfel und Herzen
1 TL rote Pfefferkörner

1. Gervais mit Sahne, Knoblauchsaft, grünem Pfeffer und Salz schaumig rühren.
2. Die Mehrkornbrote mit Chicoréeblättern belegen und die Hälfte des Schaums auf den Salatblättern verteilen.
3. Drei Kiwischeiben in das Schaumbett geben, mit Kirschtomaten belegen und mit Kresse bestreuen.
4. Die Knäckebrote mit zarten Salatblättern belegen und mit der zweiten Hälfte des Käseschaums bestreichen.
5. Im Schaumbett Orangenscheiben, Tomaten und Paprika anordnen und mit roten Pfefferkörnern bestreuen. Die belegten Brote auf die Mehrkornbrotscheiben setzen.

## Scharfer Peperoniquark

**Für 8 – 10 Kastenbrotscheiben**
200 g Sahnequark
50 g Crème fraîche
1 EL Tomatenketchup (Seite 26)
1 grüne Peperonischote, fein geschnitten
1 rote Peperonischote, fein geschnitten
30 g rote Zwiebeln, fein gehackt
1 TL Paprikapulver, edelsüß
1 Msp. Sambal Oelek
1/2 TL Rosenpaprikapulver
1/2 TL Kardamomsamen, gemahlen
Delikata
Vollmeersalz
Pfeffer aus der Mühle

## Bunter Gemüsequark

**Für 8 – 10 Kastenbrotscheiben**
200 g Sahnequark
50 g Crème fraîche
30 g Zwiebeln, fein geschnitten
200 g buntes Gemüse (Karotten, Zucchini, rote und grüne Paprikaschote), kleine Würfel
2 EL frische Maiskörner
2 EL Kresse
1 Bund Petersilie, fein geschnitten
Delikata
Kräutersalz
Pfeffer aus der Mühle

## Kräuterquark

**Für 8 – 10 Kastenbrotscheiben**
200 g Sahnequark
50 g Crème fraîche
100 g Frühlingszwiebeln, fein geschnitten,
1 Bund Schnittlauch, Röllchen
je 2 EL Petersilie, Basilikum, fein geschnitten
je 1 EL Borretsch, Ysop, Estragon, Liebstöckel, fein geschnitten
Delikata
Kräutersalz
Pfeffer aus der Mühle

## Käse-Nuss-Quark

**Für 8 – 10 Kastenbrotscheiben**
200 g Sahnequark
50 g Crème fraîche
50 g Walnüsse, fein gehackt
50 g Cashewkerne, fein gehackt
50 g Pinienkerne, fein gehackt
100 g Gouda, kleine Würfel
100 g Emmentaler, kleine Würfel
2 EL Estragon, fein gehackt
Kräutersalz
Picata
Pfeffer aus der Mühle

1. Quark mit Crème fraîche schaumig rühren und die übrigen in den Rezepten angegebenen Zutaten hinzufügen.
2. Mit Salz, Pfeffer und Delikata oder Picata pikant abschmecken.

**▶ Tipp**
Die Quarkaufstriche bleiben im Kühlschrank eine Woche lang haltbar. Rühren Sie gleich eine größere Menge Quark und Crème fraîche an, teilen Sie sie in kleine Portionen, die Sie mit entsprechenden Zutaten variieren. So sparen Sie sich Arbeit und erhalten eine kleine Auswahl pikanter Quarkaufstriche für jeden Geschmack.

**Quarkaufstriche, gesund und köstlich (von unten): Scharfer Peperoniquark, Kräuterquark, bunter Gemüsequark, Käse-Nuss-Quark.**

# Gelbe Erbsencreme

**Für 10 – 12 Kastenbrotscheiben**
100 g gelbe Erbsen
300 g Gemüsebrühe (Frugola)
1 kleine Dose Safran
2 – 4 EL Sauerrahm
30 g Zwiebeln, fein geschnitten
2 EL Zitronensaft
1 TL Ingwer, frisch gerieben
2 TL Paprikapulver, edelsüß
1 Msp. Cayennepfeffer
2 EL Tomatenketchup (Seite 26)
Pfeffer aus der Mühle
Kräutersalz

# Grüne Erbsencreme

**Für 10 – 12 Kastenbrotscheiben**
100 g grüne Erbsen
300 g Gemüsebrühe (Frugola)
100 g Spinatblätter, fein geschnitten
2 – 4 EL Sauerrahm
30 g Zwiebeln, fein geschnitten
1 Knoblauchzehe, fein gehackt
1 TL Ingwer, frisch gerieben
4 EL Kräuter (Petersilie, Liebstöckel, Kerbel), fein geschnitten
Pfeffer aus der Mühle
Kräutersalz

1. Die Erbsen mindestens 12 Stunden einweichen. Etwa 1 Stunde in Gemüsebrühe kochen, bis das Wasser aufgesaugt ist. In das Kochwasser der gelben Erbsen Safran geben, in das der grünen Erbsen Spinatblätter, um die Farbe zu intensivieren.
2. Ein sauberes Küchentuch über ein Sieb legen und den abgekühlten Erbsenbrei hineingeben. Die Ecken des Tuches zusammenfassen und die überschüssige Flüssigkeit aus dem Erbsenbrei pressen.
3. So viel Sauerrahm unter den Erbsenbrei rühren, bis eine cremige Masse entsteht, und die übrigen Zutaten untermengen.
4. Mit Salz und Pfeffer pikant abschmecken.

▶ **Tipp**
Schälen Sie einen »Finger« der Ingwerknolle, ohne ihn abzuschneiden. Mit einer mittelfeinen Reibe können Sie dann ganz leicht so viel Sie brauchen abreiben, ohne sich zu verletzen.

# Piricreme

**Für 6 – 8 Kastenbrotscheiben**
100 g zimmerwarme Butter
2 – 3 EL Tomatenketchup (Seite 26)
1 Piri, fein geschnitten (aus dem Glas)
1 EL Kräuter der Provence
30 g Zwiebeln, fein gehackt
100 g Karotten, fein geraffelt
1 TL Paprikapulver, edelsüß
Delikata
Kräutersalz
Pfeffer aus der Mühle

1. Butter mit Tomatenketchup schaumig rühren. Piri, Kräuter und Zwiebeln hinzufügen.
2. Die Karotten mit dem Butterschaum vermengen und mit Paprika, Delikata, Salz und Pfeffer pikant abschmecken.

# Tomaten-Paprika-Creme in Salattüten

**Für 12 Tüten**
80 g Crème fraîche
1 EL Paprikamark (ersatzweise Tomatenmark)
80 g Tomatenfleisch, zerdrückt
80 g rote Paprikaschote, feine Würfel
1 Knoblauchzehe, zerdrückt
30 g Zwiebeln, fein geschnitten
2 EL Kräuter (Petersilie, Dill, Estragon), fein gehackt
Kräutersalz
Pfeffer aus der Mühle
Paprikapulver, edelsüß
4 mittelgroße Tomaten, Scheiben
32 kleine Salatblätter

1. Crème fraîche mit dem Paprikamark gründlich verrühren.
2. Tomatenfleisch, Paprikawürfel, Knoblauch, Zwiebeln und Kräuter unterziehen. Mit Salz, Pfeffer und Paprikapulver pikant abschmecken.
3. Den krausen Rand des Salatblattes nach außen stülpen und das Salatblatt quer zur Blattrippe zu einer Tüte oder Rolle aufwickeln.
4. Die Salattüten mit Rouladenspießchen auf gebutterten Brotscheiben, aufgeschnittenen Laugenstangen oder Brötchenhälften feststecken. Die Tüten mit Tomaten-Paprika-Creme füllen und halbe Tomatenscheiben dazwischenstecken.

# Basilikumcreme

**Für 6 – 8 Kastenbrotscheiben**
80 g Crème fraîche
50 g Basilikum, fein geschnitten
20 g milde, grüne Peperoni, fein geschnitten
20 g Zwiebeln, fein geschnitten
1/2 Knoblauchzehe, zerdrückt
20 g Pistazien, gemahlen
1/2 TL Kräutersalz
Pfeffer aus der Mühle

1. Die Crème fraîche mit Basilikum, Peperoni, Zwiebeln und Knoblauch verrühren.
2. Esslöffelweise gemahlene Pistazien hinzufügen. Mit Salz und Pfeffer abschmecken.

# Curcumacreme in Cocktailtomaten

**Für 16 Stück**
8 Cocktailtomaten
80 g Crème fraîche
1 TL Curry
1 – 2 TL Curcuma
10 g Zwiebeln, fein geschnitten
20 g Mandeln, gemahlen
Vollmeersalz
Pfeffer aus der Mühle

1. Die Tomaten halbieren und aushöhlen. Crème fraîche mit den Gewürzen verrühren, die Zwiebeln untermengen.
2. Die gemahlenen Mandeln hinzufügen, mit Salz, Pfeffer und Curcuma pikant abschmecken. Die Creme in Tomatenhälften füllen.

**▶ Tipp**
Die Aufstriche schmecken besonders lecker mit Laugenstangen oder -brötchen (Rezept Seite 82).

# Paprikapüree

**Für 16 Kastenbrotscheiben**
3 Eier, hart gekocht
100 g Crème fraîche
50 g Doppelrahm-Frischkäse
2 – 3 EL Sahne
1 EL Tomatenketchup (Seite 26)
1 EL Paprikamark (ersatzweise Tomatenmark)
30 g rote Zwiebeln, fein geschnitten
30 g rote Paprikaschote, kleine Würfel
30 g gelbe Paprikaschote, kleine Würfel
30 g grüne Paprikaschote, kleine Würfel
1 TL Paprikapulver, edelsüß
Kräutersalz
Pfeffer aus der Mühle

# Peperonipüree

**Für 12 Kastenbrotscheiben**
3 Eier, hart gekocht
100 g Crème fraîche
50 g Doppelrahm-Frischkäse
2 – 3 EL Sahne
80 g milde, grüne Peperoni, fein geschnitten
1 TL eingelegter, grüner Pfeffer, fein gehackt
1 TL Paprikapulver, edelsüß
1 TL Curry
1 Msp. Cayennepfeffer
Kräutersalz
Pfeffer aus der Mühle

# Basilikumpüree

**Für 16 Kastenbrotscheiben**
3 Eier, hart gekocht
100 g Crème fraîche
50 g Gervais
2 – 3 EL Sahne
50 g Basilikum, fein gehackt
50 g Pistazien, gemahlen
80 g grüne Paprikaschote, kleine Würfel
30 g Zwiebeln, fein gehackt
1 TL Paprikapulver, edelsüß
1 TL Senf
Kräutersalz
Pfeffer aus der Mühle

1. Das Weiße der Eier in kleine Würfel schneiden. Das Eigelb mit der Gabel zerdrücken.
2. Die in den Rezepten angegebene Grundsubstanz, Crème fraîche und Frisch- oder Hüttenkäse, mit Eigelb und Sahne cremig rühren.
3. Die restlichen Zutaten und die Eiwürfel untermengen. Mit Salz und Pfeffer abschmecken.

▶ **Tipp**
Crème fraîche und Frischkäse variieren je nach Marke in ihrer Konsistenz. Wenn Sie das Püree lieber cremig genießen wollen, etwas Sahne hinzufügen. Soll es fester sein, geriebene Mandeln unterrühren.

**Füllen Sie die Pürees in knackige Paprika. In Scheiben geschnitten sind die gefüllten Ringe ein köstlicher Brotbelag oder eine vitaminreiche Vorspeise.**

# Liptauer Käse

**Für 16 Kastenbrotscheiben**
150 g reifer Camembert
125 g zimmerwarme Butter
150 g Lauch, fein geschnitten
1 TL Paprikapulver, edelsüß
1 TL Senf
1 TL Kapern, fein gehackt
1 TL Kümmel, gemahlen
Pfeffer aus der Mühle
Vollmeersalz

# Bayrischer Obatzter

**Für 16 Kastenbrotscheiben**
200 g reifer Limburger
150 g zimmerwarme Butter
2 EL helles Bier
150 g Zwiebeln, fein geschnitten
1/2 TL Kümmel, gemahlen
2 EL Schnittlauchröllchen
Pfeffer aus der Mühle
Kräutersalz

1. Käse und Butter in Scheibchen schneiden, mit einer Gabel zerdrücken und vermengen.
2. Die übrigen Zutaten untermischen und mit Salz und Pfeffer abschmecken.

▶ **Tipp**
Diese Käseaufstriche halten sich mindestens eine Woche im Kühlschrank.

# Nürnberger Knoblauchkäse

**Für 16 Kastenbrotscheiben**
2 – 3 Knoblauchzehen, zerdrückt
150 g Zwiebeln
150 g Butter
200 g reifer Rougette-Weichkäse, entrindet
2 EL Petersilie, fein geschnitten
1/2 TL Kümmel, gemahlen
Kräutersalz
Pfeffer aus der Mühle

1. Knoblauch und Zwiebeln in Butter hellbraun rösten und abkühlen lassen.
2. Den Käse in Scheiben schneiden und mit der Gabel unter die Buttermischung mengen.
3. Petersilie und Kümmel unterziehen und mit Salz und Pfeffer abschmecken.

## Remouladensauce

**Für 8 Kastenbrotscheiben**
160 g Crème fraîche
Eiweiß von 2 hart gekochten Eiern, kleine Würfel
2 EL Kapern, fein gehackt
2 EL Pfeffergurken, kleine Würfel
Kräutersalz
Pfeffer aus der Mühle

1. Crème fraîche schaumig rühren.
2. Eiwürfel, Kapern und Pfeffergurken hinzufügen. Mit Salz und Pfeffer abschmecken.

## Rettichbutter

**Für 8 – 10 Kastenbrotscheiben**
150 g Rettich, fein geraffelt
1 TL Vollmeersalz zum Bestreuen
100 g Butter
1/2 TL Pfeffer aus der Mühle
4 – 6 Radieschen, feine Scheiben

1. Den geraffelten Rettich mit 1/2 Teelöffel Salz bestreuen und 1 – 2 Minuten lang ziehen lassen.
2. Die Butter mit Salz und Pfeffer schaumig rühren und anschließend den Rettich unterziehen.
3. Rettichbutter mit halben Radieschenscheiben anrichten.

## Gewürzmayonnaise

**Für 24 Kastenbrotscheiben**
1/2 l Sonnenblumenöl, kalt gepresst
3 Eigelb
20 g Zwiebeln
1/2 Knoblauchzehe
100 g Cornichons
1 TL grüne, eingelegte Pfefferkörner
20 g Kapern
1 EL Senf
2 TL Frugola
1 1/2 EL Zitronensaft
1/2 EL Curry
1/2 EL Paprikapulver, edelsüß

1 TL Muskatnuss, gemahlen
2 TL Kräuterpulver
1 TL Worcestershire-Sauce

1. Alle Zutaten – außer dem Öl – in den Mixbecher der Küchenmaschine geben und verquirlen, bis eine sämige Masse entsteht.
2. Bei rotierenden Messern langsam das Öl hinzufügen. Wenn im Mixbecher kein Sog mehr entsteht, die Maschine abschalten und die Masse im Becher einmal umrühren, damit die Luftblase, die sich am Boden gebildet hat, entweichen kann. Anschließend weiterpürieren, bis das Öl aufgenommen ist.

## Romadurcreme

**Für 16 Kastenbrotscheiben**
200 g reifer Romadur
100 g zimmerwarme Butter
3 EL Bier
100 g Zwiebeln, gehackt
1/2 TL Kümmel, gemahlen
1 – 2 TL Paprikapulver, edelsüß
Pfeffer aus der Mühle
Kräutersalz

1. Käse und Butter in Scheibchen schneiden und mit der Gabel zu einer weichen Paste zerdrücken.
2. Die übrigen Zutaten untermischen und mit Salz und Pfeffer pikant abschmecken.

# Rote Paprika-Mandel-Creme

**Für 8 Kastenbrotscheiben**
100 g Crème fraîche
1 – 2 EL Paprikamark (ersatzweise Tomatenmark)
1/4 TL Sambal Oelek
1 TL Paprikapulver, edelsüß
1/2 TL Picata
1/2 rote Paprikaschote, kleine Würfel
30 g Zwiebeln, fein geschnitten
2 EL Kräuter (Kerbel, Pimpinelle, Ysop), fein geschnitten
50 g Mandeln, gemahlen
1/2 TL Vollmeersalz
1/2 TL Pfeffer aus der Mühle

1. Crème fraîche mit Paprikamark und Gewürzen cremig rühren. Paprikaschote, Zwiebeln und Kräuter hinzufügen.
2. Gemahlene Mandeln untermengen und mit Salz und Pfeffer abschmecken.

# Grüne Pistaziencreme

**Für 8 Kastenbrotscheiben**
100 g Crème fraîche
1/2 TL Delikata
2 EL Kräuter (Estragon, Liebstöckel, Basilikum, Kerbel), fein geschnitten
20 g Kapern, fein geschnitten
30 g Cornichons, kleine Würfel
100 g Pistazien, gemahlen
1 TL Kräutersalz
1/2 TL Pfeffer aus der Mühle

1. Crème fraîche mit den Gewürzen cremig rühren. Kräuter, Kapern und Cornichons unterziehen.
2. Nach und nach die gemahlenen Pistazien unterrühren. Mit Salz und Pfeffer abschmecken.

# Topinamburpaste

**Für 8 Kastenbrotscheiben**
75 g zimmerwarme Butter
1 EL Tomatenmark
1 TL Paprikapulver, edelsüß
1 TL Curry
1 TL Kräuterpulver
125 g Topinambur, sehr fein geraffelt
30 g rote Zwiebeln, fein gehackt
1 kleine, rote Chilischote, fein geschnitten
1 TL Picata
1 TL Vollmeersalz
Pfeffer aus der Mühle

1. Die Butter mit dem Tomatenmark und den Gewürzen schaumig rühren.
2. Topinambur mit den Zwiebeln und der Chilischote mischen und mit dem Butterschaum vermengen. Mit Picata, Salz und Pfeffer abschmecken.

# Brokkoli-Mangold-Paste

**Für 8 Kastenbrotscheiben**
75 g zimmerwarme Butter
1 TL Delikata
1 TL Kräuterpulver
50 g Mangold (ersatzweise Spinat), fein geschnitten
50 g Brokkoli (ersatzweise anderer grüner Kohl, z. B. Rosenkohl), fein geraffelt
30 g Zwiebeln, fein gehackt
1 milde, grüne Chilischote, klein gehackt
1 TL Kräutersalz
Pfeffer aus der Mühle

1. Die Butter mit den Gewürzen schaumig rühren.
2. Das Gemüse mit den Zwiebeln und der Chilischote mischen und mit dem Buttergemisch gründlich vermengen. Mit Salz und Pfeffer abschmecken.

**Schmackhaftes, vitaminstrotzendes Wintergemüse, verarbeitet zu leckeren Aufstrichen: Topinambur (orange) und Brokkoli/Mangold (grün).**

# »Pistazienwurst«

2 schlanke Zucchini
120 g zimmerwarme Butter
100 g Pistazien, gemahlen
3 TL Rosmarin, gerebelt
2 TL Thymian, gerebelt
3 TL Oregano, gerebelt
30 g Zwiebeln, fein gehackt
1 kleine Knoblauchzehe, zerdrückt
1/4 TL Delikata
1 TL Kräutersalz
1/4 TL Pfeffer aus der Mühle

1. Die Zucchinis der Länge nach halbieren und aushöhlen, bis ein weißer Rand von etwa 3 mm Breite übrig bleibt.
2. Die Butter schaumig rühren. Die gemahlenen Pistazien mit den übrigen Zutaten mischen und unter den Butterschaum rühren. Mit Salz und Pfeffer pikant abschmecken.
3. Die Kräutercreme in die Zucchinihälften geben, fest hineinpressen und glatt streichen. Dann die Zucchinihälften zusammenfügen und im Kühlschrank etwa 12 Stunden kalt stellen.
4. Die gekühlte Pistazienwurst in nicht zu dünne Scheiben schneiden.

# »Paprikawurst«

2 schlanke Zucchini
100 g zimmerwarme Butter
2 – 3 EL Paprikamark (ersatzweise Tomatenmark)
1 kleine Kirschpaprika, sehr fein geschnitten (ersatzweise 1/2 rote Paprikaschote)
80 g Mandeln, gemahlen
2 TL gemischte Salatkräuter, gerebelt
1 TL Rosmarin, gerebelt
20 g Zwiebeln, fein gehackt
1/4 TL Picata
1 – 2 TL Paprikapulver, edelsüß
1 TL Kräutersalz
1/4 TL Pfeffer aus der Mühle

1. Vorbereitung der Zucchinis wie bei Pistazienwurst.
2. Butter mit Paprikamark schaumig rühren, dann die übrigen Zutaten untermischen. Mit Paprikapulver, Salz und Pfeffer abschmecken.
3. Füllen und kühlen der Zucchinis wie bei Pistazienwurst.

▶ **Tipp**
Die »Würste« schmecken frisch zubereitet am besten. Sie reichen jeweils als Belag für vier Brotscheiben.

# »Leberwurst«

**Für 16 Kastenbrotscheiben**
100 ml Gemüsebrühe (Frugola)
1 Lorbeerblatt
3 Wacholderbeeren
2 Nelken
8 Pfefferkörner
150 g zimmerwarme Butter
4 TL Thymian, gerebelt
4 TL Majoran, gerebelt
2 TL Rosmarin, gerebelt
50 g Grünkern, fein geschrotet
30 g Zwiebeln, fein gehackt
1 – 2 TL Kräutersalz
Pfeffer aus der Mühle
50 g Zwiebelringe
3 EL Schnittlauchröllchen

1. Die Brühe mit Lorbeerblatt, Wacholderbeeren, Nelken und Pfefferkörnern aufkochen und 20 Minuten lang im geschlossenen Topf ziehen lassen.
2. Die Butter mit den Kräutern schaumig rühren.
3. Von der Brühe 80 ml abmessen und noch heiß über den Grünkernschrot gießen. Eine halbe Stunde lang quellen lassen.
4. Zwiebeln und abgekühlten Grünkernbrei in die Kräuterbutter rühren und mit Salz und Pfeffer abschmecken. Die »Leberwurst« mit Zwiebelringen und Schnittlauchröllchen anrichten.

# Pfifferlingsragout auf Friséesalat

**Für 4 Personen**
2 EL Sonnenblumenöl
50 g Zwiebeln, fein gehackt
300 g Pfifferlinge, kleine Würfel
1 TL Frugola
1 Döschen Safran
2 EL Petersilie, fein geschnitten
2 TL Majoran, gerebelt
3 EL Crème fraîche
Vollmeersalz
Pfeffer aus der Mühle
4 Scheiben Toastbrot
Butter zum Bestreichen
2 Hand voll gewaschener Friséesalat

# Steinpilze auf Eichblattsalat

**Für 4 Personen**
2 EL Sonnenblumenöl
50 g Zwiebeln, fein gehackt
300 g Steinpilze, kleine Würfel
1 TL Frugola
2 EL Petersilie, fein geschnitten
2 TL Majoran, gerebelt
3 EL Crème fraîche
Vollmeersalz
Pfeffer aus der Mühle
4 Scheiben Toastbrot
Butter zum Bestreichen
2 Hand voll gewaschenen Eichblattsalat

1. Zwiebeln im Öl goldgelb anbraten. Pilze und Frugola hinzugeben (Pfifferlinge mit Safran braten, das unterstreicht die gelbe Farbe) und bei geschlossenem Topf im eigenen Saft etwa 5 Minuten garen lassen. Die Pilze sollen knackig bleiben.

2. Überschüssige Flüssigkeit abschöpfen und Kräuter sowie Crème fraîche unter die Pilze rühren. Mit Salz und Pfeffer abschmecken.

3. Die Brote leicht rösten, mit Butter bestreichen und die Salatblätter darauf verteilen. Die heißen Pilze in die Mitte der Blätter geben. Sofort servieren.

▶ **Tipp**
Mit diesen Pilzragouts können Sie einen leckeren Vorspeisenteller zusammenstellen, der nicht nur den Gaumen, sondern auch das Auge erfreut.

# Champignonragout auf Rucola

**Für 4 Personen**
2 EL Sonnenblumenöl
50 g Zwiebeln, fein gehackt
300 g Champignons, kleine Würfel
1 TL Frugola
2 EL Petersilie, fein geschnitten
2 TL Majoran, gerebelt
3 EL Crème fraîche
Vollmeersalz
Pfeffer aus der Mühle
4 Scheiben Toastbrot
Butter zum Bestreichen
2 Hand voll gewaschene Rucolablätter

Zubereitung siehe vorangehendes Rezept.

# Geeiste rote Tomaten-Mousse

**Für 4 Personen**
600 g Tomaten (400 g Tomatenfleisch)
1 EL Tomatenmark
3 – 4 EL Tomatenketchup (Seite 26)
20 g Zwiebeln, fein gehackt
1 Knoblauchzehe, zerdrückt
2 EL Kräuter (Basilikum, Estragon, Rosmarin), fein gehackt
1 – 2 TL Paprikapulver, edelsüß
1/2 TL Picata
1 Msp. Sambal Oelek
1 TL Frugola
1 1/2 TL Agar-Agar
Kräutersalz
Pfeffer aus der Mühle
100 ml süße Sahne, geschlagen

1. Die Tomaten in kochendes Wasser legen, bis die Haut platzt. Die Haut abziehen, die Tomaten halbieren und das Kernhaus entfernen.
2. 400 g Tomatenfleisch abwiegen, davon 300 g zerdrücken und mit Tomatenmark und -ketchup, Zwiebeln, Knoblauch, Kräutern und Gewürzen vermengen.
3. Das übrige Tomatenfleisch mit Frugola und Agar-Agar verquirlen und 5 Minuten lang kochen. Noch heiß mit der gewürzten Tomatenmasse gut verrühren und mit Salz und Pfeffer pikant abschmecken.
4. Den Tomatenbrei 1 Stunde kalt stellen. Dann die geschlagene Sahne unterziehen und die kalte Masse in eine dünn mit Öl ausgepinselte längliche Form geben (Inhalt 0,5 l). Vor dem Stürzen mindestens 5 Stunden lang kühl stellen.

# Geeiste grüne Gurken-Mousse

**Für 4 Personen**
400 g Gurke ohne Kernhaus, fein geraffelt
je 1 Bund Dill und Petersilie, fein geschnitten
1 EL Schabzigerklee, gemahlen
1/2 TL Delikata
1 TL Frugola
1 1/2 TL Agar-Agar
Kräutersalz
Pfeffer aus der Mühle
100 ml süße Sahne, geschlagen

1. 300 g der Gurkenmasse mit Kräutern, Schabziegerklee und Delikata vermengen.
2. 100 g der Gurkenmasse mit Frugola und Agar-Agar pürieren und 5 Minuten lang kochen. Mit der gewürzten Gurkenmasse verrühren und mit Salz und Pfeffer pikant abschmecken.
3. Die Masse 1 Stunde kalt stellen, dann die geschlagene Sahne unterziehen. Die Gurkenmousse in einer geölten Form 4 – 5 Stunden lang kühlen.

# Mandel-Zwiebel-Paste

**Für 8 Kastenbrotscheiben**
50 g Zwiebeln, fein geschnitten
2 EL Öl
150 g Mandeln, gemahlen
1 Knoblauchzehe, fein gehackt
1 kleine, rote Peperoni, fein geschnitten
2 EL Kräuter (Estragon, Ysop, Oregano), fein geschnitten
1 Msp. Cayennepfeffer
1 TL Paprikapulver, edelsüß
6 – 7 EL Olivenöl
Kräutersalz
Pfeffer aus der Mühle

1. Zwiebeln in 2 Esslöffel Öl goldgelb braten.
2. Alle Zutaten bis auf das Olivenöl gut miteinander vermischen.
3. Nach und nach so viel Öl unterrühren, bis eine weiche Paste entsteht. Mit Salz und Pfeffer abschmecken.

**Die Mousse schmecken besonders gut zu einem herzhaften Vollkornbrot wie dem Ganzkornlaib (Rezept Seite 50) oder dem Dreikorn rustika (Rezept Seite 39).**

# Pikante Nusshäppchen

**Jeweils für 10 – 12 Häppchen**
Pro Creme
30 g Butter
60 g der entsprechenden Nüsse oder Kerne, gemahlen
Pfeffer, gemahlen, Vollmeersalz
Delikata oder Picata
einige Nüsse und Kerne zum Verzieren

## Pistaziencreme

10 g Schalotten, fein gehackt
1 EL Petersilie, fein gehackt
1 Cornichon, kleine Würfel

## Pinienkerncreme

10 g Schalotten, fein gehackt
2 EL Tomatenmark
1/2 rote Peperoni, klein gehackt

## Erdnusscreme

10 g Schalotten, fein gehackt
1/2 TL Koriander, gemahlen
1 TL Curry

## Macadamianusscreme

80 g Karotten, sehr fein geraffelt
1/4 kleine Piri (aus dem Glas), fein geschnitten

## Cashewkerncreme

10 g Schalotten, fein gehackt
1/2 TL Senf
1 TL Dill, gerebelt

## Mandelcreme

1/4 TL Knoblauchzehe, zerdrückt
1 TL Estragon, gerebelt

## Haselnusscreme

10 g Schalotten, fein gehackt
1 TL Majoran, gerebelt
1/4 TL Muskatnuss, gemahlen

## Walnusscreme

10 g Schalotten, fein gehackt
1/4 Knoblauchzehe, zerdrückt
1 EL Petersilie, fein gehackt

## Paranusscreme

1 EL grüne Peperoni, fein geschnitten
1 TL eingelegter grüner Pfeffer, fein gehackt
1 TL Thymian, gerebelt

1. Pro Creme jeweils 30 g Butter schaumig rühren und portionsweise auf Tellern verteilen.
2. Die gemahlenen Nüsse oder Kerne mit der Gabel in die Butterportionen rühren.
3. Die übrigen Zutaten jeweils zu der entsprechenden Nussbutter geben, mit Kräutersalz, frisch gemahlenem Pfeffer und Delikata oder Picata abschmecken.
4. Die Nusscremes auf Vollkorncräcker oder auf geviertteltes, geröstetes Toastbrot streichen und die Häppchen mit einer Nuss oder einem Kern verzieren.

▶ **Tipp**
Wenn Sie die dreifache Menge eines Rezepts zu einer Nusscreme anrühren, erhalten Sie einen delikaten Aufstrich für etwa 8 Brote.

# Weizenkeimpüree

**Für 4 Personen**
50 g Doppelrahm-Frischkäse
30 g Weizenkeimlinge (Seite 11)
50 g Mandeln, gemahlen
1 EL Tomatenketchup (Seite 26)
50 g rote Paprikaschote, kleine Würfel
1 Msp. Sambal Oelek
20 g Zwiebeln, fein geschnitten
1 EL Kräuter (Basilikum, Estragon, Majoran), fein geschnitten
Kräutersalz
Pfeffer aus der Mühle
Delikata

# Alfalfasprossenpüree

**Für 4 Personen**
1 Becher Gervais-Hüttenkäse
2 – 3 EL Sahne
1 Tasse Alfalfasprossen (Seite 11)
50 g Salatgurke ohne Kernhaus, kleine Würfel
1 EL Zitronensaft
1 EL Dill, fein geschnitten
1/4 TL Schabzigerklee
Kräutersalz
Pfeffer aus der Mühle
Delikata

# Senfsprossenpüree

**Für 4 Personen**
100 g Doppelrahm-Frischkäse
2 – 3 EL Sahne
2 – 3 TL Senfsprossen (Seite 11)
11/2 TL Senf
1 EL Zitronensaft
1/4 TL Muskatnuss, gemahlen
2 EL Petersilie, fein geschnitten
Kräutersalz
Pfeffer aus der Mühle
Delikata

# Linsensprossenpüree

**Für 4 Personen**
100 g Sahnequark
30 g Linsensprossen (Seite 11)
50 g Pistazien, gemahlen
1 TL grüner, eingelegter Pfeffer, fein gehackt
2 TL Kapern, fein gehackt
1/2 TL Kümmel, gemahlen
Kräutersalz
Pfeffer aus der Mühle
Delikata

# Rettichsprossenpüree

**Für 4 Personen**
100 g Doppelrahm-Frischkäse
2 – 3 EL Sahne
30 g Rettichsprossen (Seite 11)
Saft von 1/2 Zitrone
1 EL Schnittlauchröllchen
Kräutersalz
Pfeffer aus der Mühle
Delikata

1. Die im jeweiligen Rezept angegebene Grundsubstanz in einem Teller – eventuell unter Zugabe von etwas süßer Sahne – cremig rühren.
2. Mit den übrigen Zutaten vermengen und mit Salz, Pfeffer und Delikata abschmecken.

# Avocado und Mango auf Philadelphia

**Für 4 Personen**
200 g Philadelphia-Frischkäse
4 EL Crème fraîche
1 EL Basilikum, fein geschnitten
8 Scheiben Vollkorntoast, leicht geröstet
1 kleiner Friséesalat
1 Mango
1 Avocado
Saft einer halben Zitrone
Vollmeersalz
1 TL rote Pfefferkörner

1. Frischkäse mit Crème fraîche und Basilikum verrühren. Pro Person 2 Toastscheiben bestreichen, auf vier Tellern verteilen und mit Friséeblättern belegen.
2. Die Mango schälen, der Länge nach halbieren und den Stein herauslösen. In Scheiben schneiden und mit etwas Zitronensaft einpinseln.

3. Die Avocado der Länge nach halbieren, den Stein entfernen und in längliche Scheiben schneiden. Die Schale abheben. Die Avocadoscheiben ebenfalls mit Zitronensaft einpinseln.
4. Mango- und Avocadoscheiben auf den Broten anordnen, die Avocado ein wenig mit Salz bestäuben und rote Pfefferkörner über die Früchte streuen.

# Feige und Williamsbirne auf Gruyèrecreme

**Für 4 Personen**

## Gruyèrecreme

200 g Sahnequark, 3 EL Sahne
100 g Gruyère, fein gerieben
20 g Schalotten, fein gehackt
1 kleine Chili, fein geschnitten
1 – 2 TL Paprikapulver, edelsüß
Kräutersalz, Pfeffer aus der Mühle

## Cognacsahne

200 g süße Sahne, 1 EL Cognac
1/2 Teelöffel Salz
1/4 TL schwarzer Pfeffer, grob gemahlen
1 Msp. Cayennepfeffer
1 TL Paprika, edelsüß

*außerdem*
4 Scheiben Vollkorntoast, leicht geröstet
1 kleiner Eichblattsalat
2 Birnen, dünne Scheiben
Saft einer Zitrone
4 Feigen, dünne Scheiben
4 EL Walnüsse, fein gehackt

1. Für die Gruyèrecreme den Sahnequark mit der Sahne schaumig rühren. Gruyère, Schalotten und Chili unterrühren und mit Paprikapulver, Salz und Pfeffer pikant abschmecken.
2. Die Sahne mit Cognac und den Gewürzen mischen und sehr steif schlagen.
3. Die Brote mit 2 – 3 Salatblättern belegen und Gruyèreschaum darauf verteilen. Birnenscheiben mit Zitronensaft beträufeln, damit sie nicht braun werden, und zusammen mit den Feigenscheiben dekorativ auf den Broten anrichten.
4. Sahne in einen Spritzbeutel füllen und kleine Häubchen auf Birnen und Feigen spritzen. Mit fein gehackten Walnüssen bestreuen.

**Für Feinschmecker ein lukullischer Genuss: Feige und Williamsbirne auf Gruyèrecreme.**

## Schweizer Greyerzercreme

**Für 10 Kastenbrotscheiben**
100 g Greyerzer Käse, gerieben
50 g zimmerwarme Butter
30 g Zwiebeln, fein gehackt
je 1 EL Estragon, Ysop, Thymian, fein geschnitten
1/2 TL Kümmel, gemahlen
1/4 – 1/2 TL Rosenpaprikapulver
etwa 50 g Paranüsse, gemahlen
Pfeffer aus der Mühle

1. Käse und Butter mit einer Gabel vermengen. Zwiebel, Kräuter und Gewürze unterrühren.
3. Nach und nach so viele gemahlenen Nüsse hinzufügen, bis eine weiche Creme entsteht. Mit Pfeffer abschmecken (Salz ist im Käse reichlich enthalten).

## Ungarische Schafskäsecreme

**Für 8 – 10 Kastenbrotscheiben**
200 g Schafskäse, gerieben
2 – 3 EL Olivenöl
je 1 TL Oregano und Thymian, fein geschnitten
30 g Zwiebeln, fein gehackt
2 Knoblauchzehen, zerdrückt
1 kleine, rote Peperoni, fein geschnitten
5 Kalamata-Oliven, kleine Würfel
Pfeffer aus der Mühle

1. Käse und Öl gut vermengen.
2. Die restlichen Zutaten unterrühren. Mit Pfeffer abschmecken.

## Griechische Ziegenkäsecreme

**Für 8 – 10 Kastenbrotscheiben**
100 g Ziegenkäse
100 g Avocadofruchtfleisch
2 – 3 EL Olivenöl
1 Knoblauchzehe, fein gehackt
30 g Zwiebeln, fein gehackt
1 kleine, grüne Peperoni, fein geschnitten
2 EL Basilikum, fein geschnitten
je 1 TL Thymian und Salbeiblätter, fein geschnitten
etwa 50 g Pinienkerne, gemahlen
1/4 TL Pfeffer aus der Mühle

1. Ziegenkäse und Avocado zerdrücken und mit dem Öl gut vermengen. Alle weiteren Zutaten bis auf die gemahlenen Pinienkerne hinzufügen.
2. Gemahlene Pinienkerne löffelweise unterrühren, bis eine sämige Creme entsteht. Mit Pfeffer abschmecken.

## Italienische Gorgonzolacreme

**Für 4 – 6 Kastenbrotscheiben**
100 g Gorgonzola (40 – 50 % Fettgehalt)
1 EL Quark
1 TL Armagnac
1 reife Feige, zerdrückt
1 EL Haselnüsse, fein gehackt
1 reife Feige, dünne Scheiben

1. Den Käse mit der Gabel vorsichtig zerdrücken, damit das Grün des Edelschimmels noch sichtbar bleibt.
2. Mit Quark, klein geschnittenen Früchten, Armagnac und Nüssen verrühren.
3. Die Käsecreme mit Feigenscheiben garnieren.

# Bayrisches Zwiebelschmalz

**Für 12 Kastenbrotscheiben**
150 g Zwiebeln, fein gehackt
125 g zimmerwarme Butter
1 kleiner, säuerlicher Apfel, feine Scheibchen
10 Walnusshälften, fein gehackt
1 TL Kräutersalz
Pfeffer aus der Mühle

1. Zwiebeln in 50 g Butter glasig dünsten. Die Apfelscheiben hinzufügen und unter ständigem Rühren mitbraten, bis die Zwiebeln eine goldgelbe Farbe angenommen haben. Abkühlen lassen.
2. In der Zwischenzeit die restliche Butter schaumig rühren und unter die abgekühlten Zwiebeln und Äpfel heben. Die Walnüsse unterziehen und mit Salz und Pfeffer abschmecken.

# Holländische Lauchbutter

**Für 8 – 10 Kastenbrotscheiben**
100 g zimmerwarme Butter
1/4 TL Muskatnuss, gemahlen
1/2 TL Kräutersalz
2 EL Petersilie, fein geschnitten
100 g Lauch (die hellen Teile), fein geschnitten
30 g Pistazien, gemahlen
Pfeffer aus der Mühle
1/2 TL Picata

# Fränkische Knoblauchbutter

**Für 8 Kastenbrotscheiben**
100 g zimmerwarme Butter
2 große Knoblauchzehen, zerdrückt
2 kleine Schalotten, fein geschnitten
1 kleiner Bund Petersilie, fein geschnitten
30 g Haselnüsse, gemahlen
1/2 TL grüner Pfeffer, gemahlen
1/2 TL Kräutersalz
1/2 TL Picata

# Spanische Chilibutter

**Für 6 – 8 Kastenbrotscheiben**
100 g zimmerwarme Butter
1 Msp. Sambal Oelek
1/2 TL Vollmeersalz
5 – 10 g rote Chili (auch aus dem Glas), fein geschnitten
1 EL Paprikamark (ersatzweise Tomatenmark)
30 g Cashewkerne, gemahlen
2 TL Paprikapulver, edelsüß
1/2 TL Delikata

1. Die Butter mit den Gewürzen schaumig rühren. Je nach Aufstrich Petersilie und Lauch, Schalotten und Petersilie oder Chili und Paprikamark hinzufügen.
2. Nach und nach die gemahlenen Kerne oder Nüsse untermengen. Mit Salz, Pfeffer und Picata bzw. Paprikapulver und Delikata pikant abschmecken.

▶ **Tipp**
Rühren Sie eine größere Menge Butterschaum an und stellen Sie daraus verschiedene Aufstriche her. Die Aufstriche auf kleine Behälter verteilen und im Tiefkühlschrank aufbewahren. So haben Sie immer einen Vorrat zu Hause.

## Tunesische Rote Linsenpaste

**Für etwa 16 Kastenbrotscheiben**
200 g rote Linsen
1 Lorbeerblatt
4 Wacholderbeeren
300 ml Gemüsebrühe
1 rote Zwiebel, fein geschnitten
2 EL Tomatenmark
1 TL Ingwer, frisch gerieben
1 EL Zitronensaft
1 TL Salbei, fein geschnitten
2 EL Olivenöl
Kräutersalz
Pfeffer aus der Mühle

1. Linsen mit Lorbeerblatt und Wacholderbeeren in der Gemüsebrühe etwa 20 Minuten kochen, bis die Flüssigkeit aufgesogen ist.
2. Lorbeerblatt und Wacholderbeeren entfernen und den Linsenbrei mit den übrigen Zutaten vermengen. Mit Salz und Pfeffer abschmecken.

## Indischer Bananencurry

**Für 4 Kastenbrotscheiben**
1 reife Banane
1 EL Zitronensaft
1 – 2 EL Crème fraîche
1 TL Curcuma
2 TL Curry
1 Msp. Vollmeersalz
Pfeffer aus der Mühle

1. Die Banane mit der Gabel zerdrücken und mit Zitronensaft beträufeln. Mit Crème fraîche sämig rühren.
2. Die Gewürze hinzufügen, mit Salz und Pfeffer abschmecken.

## Arabische Kichererbsenpaste (Hummous bi tahini)

**Für etwa 16 Kastenbrotscheiben**
100 g Kichererbsen
300 ml Gemüsebrühe (Frugola)
1 TL Tahin (Sesammus)
1 EL Zitronensaft
1 Knoblauchzehe, fein gehackt
1 Chili, fein geschnitten
1 Msp. Cumin, gemahlen
1 Msp. Cayennepfeffer
1 TL Curry
1 EL Korianderkraut, gehackt
1 TL Ingwer, frisch gerieben
2 – 3 EL Olivenöl
Kräutersalz
Pfeffer aus der Mühle

1. Die mindestens 12 Stunden eingeweichten Kichererbsen 1 Stunde in Gemüsebrühe kochen.
2. Die abgekühlten Kichererbsen mit dem Schlagmesser des Handrührgerätes pürieren. Anschließend die übrigen Zutaten untermengen. Mit Salz und Pfeffer abschmecken.

**Eine orientalische Schlemmerei aus Hülsenfrüchten und Sesammus: arabische Kichererbsenpaste.**

## Amerikanische Tomatencreme

**Für 6 – 8 Kastenbrotscheiben**
100 g zimmerwarme Butter
3 – 4 EL Tomatenketchup (Seite 26)
1 EL Tomatenmark
100 g Tomatenfruchtfleisch, zerdrückt
20 g Zwiebeln, fein geschnitten
1 Knoblauchzehe, zerdrückt
1 EL Kräuter (Basilikum, Petersilie), fein gehackt
1 TL Paprikapulver, edelsüß
Kräutersalz
Pfeffer aus der Mühle

1. Butter mit Tomatenketchup und Tomatenmark schaumig rühren.
2. Tomatenfleisch, Zwiebeln, Knoblauch und Kräuter unterziehen. Mit Paprikapulver, Salz und Pfeffer pikant abschmecken.

## Mexikanische Maiscreme

**Für 6 – 8 Kastenbrotscheiben**
100 g Maiskörner (auch tiefgekühlt)
100 g zimmerwarme Butter
1 rote Chili, fein gehackt
1 Msp. Cayennepfeffer
1 – 2 TL Curcumapulver
30 g Zwiebeln, fein geschnitten
1 EL Küchenkräuter (Petersilie, Thymian), fein geschnitten
Vollmeersalz
Pfeffer aus der Mühle

1. Die Maiskörner pürieren oder mit der Gabel fein zerdrücken.
2. Die Butter mit den Gewürzen schaumig rühren. Den Maisbrei und die übrigen Zutaten untermengen. Die Creme mit Salz und Pfeffer abschmecken.

## Italienische Zucchinicreme

**Für 8 – 10 Kastenbrotscheiben**
60 g Zucchinischalen von jungen Früchten
120 g zimmerwarme Butter
1 Bund Basilikum, fein geschnitten
1 EL Oregano, fein geschnitten
1 Knoblauchzehe, zerdrückt
1 milde, grüne Peperoni, fein gehackt
40 g Pistazien, gemahlen
Kräutersalz
Pfeffer aus der Mühle

1. Die Zucchinischalen mit dem Schlagmesser des Handrührgerätes pürieren. Die Butter schaumig rühren, Gewürze, Kräuter, Knoblauch und Peperoni hinzufügen.
2. Zucchinipüree mit den gemahlenen Pistazien verrühren und mit dem Butterschaum vermengen. Mit Salz und Pfeffer pikant abschmecken.

## Scharfe mexikanische Avocadocreme (Guacamole)

**Für 4 Personen**
1 Avocado, etwa 250 g
1 EL Zitronensaft
100 g rote Tomaten (ohne Kernhaus), kleine Würfel
1 rote Chili, fein geschnitten
30 g Zwiebeln, fein geschnitten
1 Knoblauchzehe, fein gehackt
30 g Pistazien fein gemahlen
1/4 TL Rosenpaprikapulver
1 Msp. Cayennepfeffer
1 – 2 EL Crème fraîche
Vollmeersalz
Pfeffer aus der Mühle

1. Die Avocado der Länge nach halbieren und das Fruchtfleisch herausschaben. Das Fruchtfleisch mit Zitronensaft beträufeln und mit einer Gabel zu einem weichen Brei zerdrücken.
2. Die übrigen Zutaten mit dem Avocadobrei vermengen, mit Salz und Pfeffer abschmecken.

## Pikante Avocadocreme

**Für 4 Personen**
1 Avocado, etwa 250 g
1 EL Zitronensaft
50 g Cornichons, kleine Würfel
50 g grüne Oliven, kleine Würfel
30 g Kapern, fein gehackt
30 g Zwiebeln, fein geschnitten
2 EL Basilikum, fein geschnitten
1 TL Paprikapulver, edelsüß
1 – 2 EL Crème fraîche
Kräutersalz
Pfeffer aus der Mühle

1. Die Avocado vorbereiten wie bei der Guacamole-Creme beschrieben.
2. Die übrigen Zutaten unter das Fruchtfleisch rühren, mit Salz und Pfeffer abschmecken.

## Italienische Honigmelonencreme

**Für 4 Personen**
1 kleine Honigmelone (etwa 200 g Fruchtfleisch)
50 g Crème fraîche
1 TL Honig
30 g Pinienkerne, gemahlen
30 g Frühlingszwiebeln, fein geschnitten
1/2 kleine Piri (aus dem Glas), fein geschnitten
Vollmeersalz
Pfeffer aus der Mühle

1. Das Fruchtfleisch der Honigmelone vorsichtig mit der Gabel zu Mus zerdrücken, damit nicht zu viel Saft herausläuft.
2. Crème fraîche mit Honig verrühren und mit den weiteren Zutaten unter das Fruchtmus heben. Mit Salz und Pfeffer abschmecken.

## Französische Briecreme mit Datteln

**Für 4 – 6 Kastenbrotscheiben**
100 g reifer Brie (40 – 50 % Fettgehalt)
1 EL Quark
1 TL Rum
1 EL Mandeln, fein gehackt
1 TL Paprikapulver, edelsüß
3 frische Datteln (kalifornische), kleine Würfel
1 EL eingelegte grüne Pfefferkörner

1. Den Käse mit der Gabel vorsichtig zerdrücken.
2. Mit Quark, klein geschnittenen Früchten, Rum, Mandeln und Paprikapulver verrühren.
3. Die Käsecreme auf Baguetteschnitten streichen. Mit Dattelwürfeln und Pfefferkörnern garnieren.

# Griechische Zucchinipaste

**Für 12 – 16 Kastenbrotscheiben**
2 mittelgroße Zucchini (etwa 400 g), Scheiben
2 EL Zitronensaft
2 – 3 EL Wasser
2 1/2 ml Biobin
2 Knoblauchzehen, zerdrückt
30 g rote Zwiebeln, klein gehackt
4 grüne, eingelegte Oliven, klein gehackt
2 EL Petersilie, fein geschnitten
4 – 5 EL Olivenöl
Kräutersalz
Pfeffer aus der Mühle

1. Die Zucchinischeiben mit Zitronensaft beträufeln und in wenig Wasser (eventuell im Topf mit Siebeinsatz) 5 – 6 Minuten garen. In einem Sieb abtropfen lassen.
2. Das Fruchtfleisch pürieren, Biobin hinzufügen und kurz aufkochen. In das noch warme Püree die übrigen Zutaten mischen und nach und nach so viel Öl zugeben, wie die Masse aufnehmen kann. Mit Salz und Pfeffer abschmecken.

# Brasilianische Cashewkerncreme

**Für 8 Kastenbrotscheiben**
100 g Crème fraîche
1 TL Meerrettich aus dem Glas
1 TL Senf
100 g Cashewkerne, gemahlen
2 EL Petersilie, fein geschnitten
1/2 TL Vollmeersalz
Pfeffer aus der Mühle

1. Crème fraîche mit Meerrettich und Senf cremig rühren.
2. Gemahlene Cashewkerne und Petersilie einrühren und mit Salz und Pfeffer abschmecken.

# Schafskäse mit Kirschpaprika, Kalamata-Oliven und Melone

**Für 4 Personen**
4 Hälften Fladenvollkornbrot
60 g Kräuterbutter zum Bestreichen
12 Spinatblätter
8 schwarze Kalamata-Oliven,
Würfel oder im Ganzen
200 g harter Schafskäse, Würfel
2 Kirschpaprika, Würfel
(ersatzweise 1 rote Paprikaschote)
1 grüne Paprika, Würfel
1/4 Wassermelone, Würfel
2 EL Kräuter (Petersilie, Basilikum, Schnittlauch,
Borretsch, Oregano, 2 Blätter Salbei),
fein geschnitten, oder
1 TL Kräuterpulver (Seite 12)
2 EL Aceto Balsamico (italienischer Balsam-Essig)
3 EL Gemüsebrühe
1 TL Senf
1 Knoblauchzehe, zerdrückt
4 EL Olivenöl
1/2 TL Kräutersalz
1/4 TL schwarzer Pfeffer, gemahlen

1. Brothälften mit Kräuterbutter bestreichen und mit Spinatblättern belegen.
2. Oliven, Schafskäse-, Paprika- und Melonenwürfel darauf verteilen und mit Kräutern bestreuen.
3. Aceto Balsamico mit Gemüsebrühe, Senf, Knoblauch und Olivenöl verquirlen, mit Salz und Pfeffer abschmecken und löffelweise den Brotbelag benetzen.

**Hier werden Erinnerungen an den letzten Griechenland-Urlaub wach: Köstlich angemachter Schafskäse – am besten auf Eftasimo (Rezept Seite 70) serviert.**

## Spinatcreme Provence

**Für 10 Kastenbrotscheiben**
80 g Crème fraîche
100 g Spinatblätter, sehr fein geschnitten
1 TL grüner, eingelegter Pfeffer, fein gehackt
1/4 TL Muskatnuss, gemahlen
1 EL Kräuter (Ysop, Kerbel, Liebstöckel), fein geschnitten
40 g Kürbiskerne, gemahlen
40 g Pistazien, gemahlen
1/2 TL Kräutersalz
Pfeffer aus der Mühle
Delikata

1. Crème fraîche mit Spinat, Gewürzen und Kräutern schaumig rühren.
2. Nach und nach die gemahlenen Kürbiskerne und Pistazien hinzufügen und mit Salz, Pfeffer und Delikata pikant abschmecken.

## Russische Rote-Bete-Creme

**Für 12 – 14 Kastenbrotscheiben**
80 g Crème fraîche
1 TL Meerrettich (aus dem Glas)
1/2 TL Zimt
100 g Rote Bete, geraffelt
100 g Apfel, geraffelt
60 g Erdnüsse, gemahlen
1/2 TL Vollmeersalz
Pfeffer aus der Mühle
Picata

1. Crème fraîche mit Meerrettich und Zimt schaumig rühren.
2. Rote Bete und Apfel untermengen und löffelweise die gemahlenen Erdnüsse hinzufügen. Mit Salz, Pfeffer und Picata abschmecken.

## Selleriecreme à la Waldorf

**Für 10 – 12 Kastenbrotscheiben**
100 g Sellerie, fein geraffelt
100 g Apfel ohne Schale und Kernhaus, grob geraffelt
Saft von 1/2 Zitrone
100 g Crème fraîche
1 TL Ingwer, fein gerieben
1/2 TL Vollmeersalz
Pfeffer aus der Mühle
1 Scheibe Ananas, klein geschnitten
80 g Walnüsse, fein gehackt

1. Sellerie und Apfel sofort mit Zitronensaft beträufeln, damit sie nicht braun werden.
2. Die Crème fraîche mit Ingwer, Salz und Pfeffer schaumig rühren.
3. Mit Sellerie, Apfel, Ananas und Nüsse vermengen und die Creme mit Salz und Pfeffer nochmals abschmecken.

**▶ Tipp**
Je nach Marke ist die Konsistenz der Creme fraîche unterschiedlich. Sollte der Aufstrich zu fest werden, fügen Sie noch 1 – 2 Esslöffel Sahne hinzu. Diese Cremes bleiben im Kühlschrank 4 – 5 Tage frisch.

# Türkische Kürbiskern-Knoblauch-Paste

**Für 8 – 10 Kastenbrotscheiben**
150 g Kürbiskerne, gemahlen
2 Knoblauchzehen, gehackt
30 g Zwiebeln, fein geschnitten
6 schwarze Kalamata-Oliven, grob geschnitten
2 EL Kräuter (Petersilie, Kerbel, Borretsch, Thymian), fein geschnitten
8 – 10 EL Kürbiskernöl
Delikata
Kräutersalz
Pfeffer aus der Mühle

1. Alle Zutaten bis auf das Öl gut miteinander vermengen.
2. So viel Öl unterrühren, bis eine weiche Paste entsteht. Mit Salz, Pfeffer und Delikata würzen.

# Italienische Pinienkern-Lauch-Paste

**Für 10 – 12 Kastenbrotscheiben**
150 g Pinienkerne, gemahlen
150 g heller Lauch, sehr fein geschnitten
2 Knoblauchzehen, zerdrückt
1 – 2 TL Aceto Balsamico
1 EL Kräuter (Oregano, Ysop, Kerbel, Basilikum), fein geschnitten
2 EL Kresse
8 EL Olivenöl
2 EL Sahne
Kräutersalz
Pfeffer aus der Mühle

1. Alle Zutaten bis auf das Öl und die Sahne gut miteinander vermengen.
2. So viel Öl und Sahne unterrühren, bis die Paste eine weiche Konsistenz hat. Mit Salz und Pfeffer würzen.

**▶ Tipp**
Die Pasten halten sich in gut verschließbaren Behältern im Kühlschrank etwa 2 Wochen.

# Malaysische Reispaste

**Für 16 Kastenbrotscheiben**
100 g Basmatireis
1 TL Chiliöl
350 ml Gemüsebrühe (Frugola)
1 – 2 EL Apfelessig oder Zitronensaft
2 EL Sonnenblumenöl, kalt gepresst
2 TL Honig
1 Frühlingszwiebel, fein geschnitten
2 EL Bambussprossen, sehr fein geschnitten
1 Knoblauchzehe, zerdrückt
Vollmeersalz
Pfeffer aus der Mühle
Delikata

1. Reis mit Chiliöl in der Gemüsebrühe 45 Minuten bei geringer Hitze köcheln lassen.
2. Essig, Öl und Honig unterrühren. Die übrigen Zutaten unter den Brei mengen und mit der Gabel gut zerdrücken. Mit Salz, Pfeffer und Delikata abschmecken.

## Mini-Pizza mit Zucchini

**Für 4 Pizzas**
4 Hälften rechteckiger Vollkornbrötchen
40 g Butter
4 gehäufte TL Tomatenketchup (Seite 26)
1/2 Knoblauchzehe, zerdrückt
1/2 TL Paprikapulver, edelsüß
4 TL Kräuter (Majoran, Petersilie, Thymian, ein Blatt Salbei), fein geschnitten
4 Tomaten, Scheiben
1 kleine Zucchini, Streifen
12 schwarze Kalamata-Oliven, halbiert
Rauchsalz »Old Hickory«
Pfeffer aus der Mühle
100 g Emmentaler, gerieben
3 Oreganozweige

1. Den Backofen auf 220°C vorheizen.
2. Die Brötchen mit Butter bestreichen.
3. Tomatenketchup mit Knoblauch und Paprikapulver verrühren, auf die gebutterten Brötchen streichen und mit Kräutern bestreuen.
4. Die Brote dicht mit Tomatenscheiben belegen, darüber die Zucchinistreifen diagonal anordnen und dazwischen Olivenhälften verteilen.
5. Rauchsalz sehr sparsam über die belegten Brötchen stäuben, leicht pfeffern und Reibekäse darüber verteilen.
6. Die Mini-Pizzas etwa 10 Minuten im vorgeheizten Backofen backen, bis der Käse geschmolzen ist.
7. Nach dem Backen Oreganoblättchen über die Brote streuen.

## Mini-Pizza mit Paprika

**Für 4 Pizzas**
4 Hälften rechteckiger Weizenvollkornbrötchen
40 g Butter
4 gehäufte TL Tomatenketchup (Seite 26)
1/2 Knoblauchzehe, zerdrückt
1/4 TL Sambal Oelek
4 TL Kräuter (Oregano, Rosmarin, Thymian), fein geschnitten
4 Tomaten, Scheiben
1 rote Paprikaschote, Ringe
1 grüne Peperoni, feine Ringe (Kernhaus entfernen)
100 g Emmentaler, gerieben

1. Den Backofen auf 220°C vorheizen.
2. Die Brote mit Butter bestreichen.
3. Tomatenketchup mit Knoblauch und Sambal Oelek verrühren, auf die gebutterten Brote streichen und mit Kräutern bestreuen.
4. Die Brote mit Tomatenscheiben belegen und einen Paprikaring darüberlegen. Peperoniringe auf den Broten verteilen und mit Reibekäse bestreuen.
5. Die Mini-Pizzas etwa 10 Minuten im vorgeheizten Backofen backen, bis der Käse geschmolzen ist.

## Mini-Pizza mit Champignons

**Für 4 Pizzas**
4 Hälften rechteckiger Weizenvollkornbrötchen
40 g Butter
4 gehäufte TL Tomatenketchup (Seite 26)
1/2 TL Bockshornkleepulver
4 TL Kräuter (Ysop, Petersilie, Kerbel, Estragon), fein geschnitten
8 Cocktailtomaten, Scheiben
8 Champignons, Scheiben
Pfeffer aus der Mühle
100 g Edamer, gerieben

1. Den Backofen auf 220°C vorheizen.
2. Die Brote zuerst mit Butter, dann mit Tomatenketchup bestreichen, mit Bockshornkleepulver bepudern und mit Kräutern bestreuen.
3. Tomatenscheiben diagonal über die Brote legen. Champignonscheibchen anschließen und in die freien Ecken Tomatenscheiben legen.
4. Die Brote leicht mit Pfeffer bestäuben und Reibekäse darüber verteilen.
5. Die Mini-Pizzas etwa 10 Minuten im vorgeheizten Backofen backen, bis der Käse geschmolzen ist und eine goldgelbe Farbe hat.

**Schnell zubereitet und jederzeit willkommen: Mini-Pizzas schmecken Groß und Klein als Imbiss oder Hauptmahlzeit mit einer großen Schüssel knackigen Salat.**

# Feuerschiffchen

**Für 4 Stück**

4 längliche, bauchige Brötchen
800 g reife, rote Tomaten (600 g Tomatenfleisch)
80 g Zwiebeln, fein gehackt
1 Knoblauchzehe, zerdrückt
2 EL Butter
1 EL Paprikamark (ersatzweise Tomatenmark)
1 kleine, rote Chili, fein geschnitten
1 TL Frugola
1 EL Paprikapulver, edelsüß
1 EL Rosenpaprikapulver
1 Msp. Cayennepfeffer
1 Msp. Sambal Oelek
1 EL Kräuter (Majoran, Estragon, Ysop), fein gehackt
3 EL Tomatenketchup (Seite 26)
Kräutersalz
Pfeffer aus der Mühle

1. Von den Brötchen einen Deckel abschneiden und das weiche Innere herauszupfen, sodass Näpfchen mit einer 5 – 8 mm dicken Wand und entsprechendem Boden entstehen. Im auf 220°C vorgeheizten Backofen etwa 2 Minuten knusprig backen.
2. Die Tomaten halbieren, das Kernhaus entfernen und das Tomatenfleisch in einem Sieb abtropfen lassen; eventuell mit Küchenpapier trocken tupfen. Anschließend die Tomatenhälften erst der Länge nach in Streifen schneiden, dann würfeln.
3. Zwiebeln und Knoblauch in Butter goldgelb braten. Tomaten, Paprikamark, Chili und Gewürze hinzufügen und kurz aufkochen.
4. Überschüssige Flüssigkeit abgießen, Kräuter und Tomatenketchup unterziehen. Mit Paprikapulver, Salz und Pfeffer pikant abschmecken und die Füllung in die Brötchen geben.

# Grüne Gemüsenäpfchen

**Für 4 Brötchen**

4 längliche, bauchige Brötchen
50 g Frühlingszwiebeln, fein gehackt
2 EL Butter
50 ml Gemüsebrühe
1 TL Frugola
600 g gemischtes grünes Gemüse nach Wahl (junger Spinat, Rosenkohl, Brokkoli, Mangold, Wirsing, Grünkohl), fein geschnitten
4 EL Erbsen, tiefgekühlt
1 EL Kräuter (Petersilie, Kerbel, Liebstöckel, Ysop), fein geschnitten
2 EL Crème fraîche
Muskatnuss, gemahlen
Kräutersalz
Pfeffer aus der Mühle

1. Die Vorbereitung der Brötchen wie bei Feuerschiffchen beschrieben.
2. Zwiebeln in Butter goldgelb anbraten. Mit Gemüsebrühe aufgießen und das frische Gemüse sowie Frugola hinzufügen. In einem gut verschließbaren Topf bei geringer Hitzezufuhr etwa 5 Minuten garen. Die Erbsen in einem separaten Töpfchen anwärmen.
3. Den Gemüsemix eventuell mit der Gabel nochmals zerkleinern und überschüssige Flüssigkeit abgießen. Kräuter und Crème fraîche unterziehen und mit Muskatnuss, Kräutersalz und Pfeffer abschmecken.
4. Das Gemüse in die Brötchen füllen und den Rand mit Erbsen belegen.

**▶ Tipp**
Das Gericht ist besonders schnell zubereitet, wenn Sie ein Paket grünes Tiefkühlgemüse verwenden.

# Champignon-Gemüse-Potpourri

**Für 4 Brötchen**
4 längliche, bauchige Brötchen
50 g Zwiebeln, fein gehackt
1 EL Butter
200 g Champignons, klein gewürfelt
1 TL Frugola
80 g Erbsen, tiefgekühlt
80 g Maiskörner, tiefgekühlt
2 EL gehackte Petersilie
60 g Crème fraîche
Saft von 1/2 Zitrone
Kräutersalz
Pfeffer aus der Mühle

1. Die Vorbereitung der Brötchen wie bei Feuerschiffchen beschrieben.
2. Die Zwiebeln in Butter goldgelb andünsten. Anschließend Champignons und Frugola hinzugeben. Alles bei geringer Hitzezufuhr im eigenen Saft etwa 3 Minuten garen.
3. Erbsen, Mais und Petersilie zu der Champignon-Zwiebel-Mischung geben und das Ganze 5 Minuten auf abgeschalteter Heizplatte ziehen lassen; nicht kochen. Überschüssige Flüssigkeit abgießen.
4. Crème fraîche mit Zitronensaft verrühren und vorsichtig unter die Masse ziehen. Mit Salz und Pfeffer pikant abschmecken und das Ragout auf die Knusperbrötchen verteilen.

# Spargel-Erdbeer-Näpfchen

**Für 4 Brötchen**
4 längliche, bauchige Brötchen
250 g Crème fraîche
2 EL süße Sahne
1 EL Zitrone
1 Bund Dill, fein geschnitten
1 TL Kräutersalz
1/2 TL Pfeffer aus der Mühle, grob gemahlen
500 g Gemüsebrühe (Frugola)
2 EL Obstessig
32 mittelstarke Spargel, geschält
250 g Erdbeeren, kleine Stücke

1. Vorbereitung der Brötchen wie bei Feuerschiffchen beschrieben.
2. Crème fraîche mit Sahne, Zitrone und Dill verrühren und mit Salz und Pfeffer pikant abschmecken. Essig mit der Gemüsebrühe mischen und den Spargel etwa 15 Minuten in der Brühe garen.
3. Den abgekühlten Spargel halbieren und die Enden in 1 cm lange Stückchen schneiden.
4. Ein Drittel der Erdbeerstückchen für die Dekoration beiseite legen und den Rest zusammen mit den Spargelstückchen unter die vorbereitete Crème fraîche mischen.
5. Die Spargel-Erdbeer-Füllung in die Brötchen geben und die Spargelspitzen strahlenförmig um die Näpfchen anordnen. Dillzweige und Erdbeerstückchen dazwischen legen.

**▸ Tipp**
Die Garzeit des Spargels hängt von der Stärke der Stängel ab. Machen Sie den Gabeltest: Sobald sich ein über die Gabel gelegter Spargel leicht nach unten biegt, ist er gar.

# Grünkern-Burger

**Für 12 Burger**

## Grünkernfrikadellen

250 g Grünkern, mittelfein geschrotet (Kaffeemühle)
1/2 l Gemüsebrühe (Frugola)
100 g Frühlingszwiebeln, fein geschnitten
100 g Karotten, fein geraffelt
100 g Emmentaler, gerieben
1 Knoblauchzehe, zerdrückt
1 Bund Petersilie, fein gehackt
1 TL Kräuterpulver (Seite 12)
2 Eier
2 EL Sonnenblumenöl
1 TL Picata
Kräutersalz, Pfeffer aus der Mühle
4 EL Sonnenblumenöl zum Einpinseln

*außerdem*
12 Scheiben Vollkornbrot
Butter
12 große Salatblätter
6 Tomaten, Scheiben

1. Grünkernschrot mit kochender Gemüsebrühe übergießen und 30 Minuten lang quellen lassen.
2. Den noch warmen Grünkernbrei mit den übrigen Zutaten gut mischen und mit Salz und Pfeffer abschmecken.
3. Mit angefeuchtetem Esslöffel in der Hand zwölf Klöße formen, auf ein gefettetes Blech setzen und mit dem Löffelrücken flach drücken.
4. Die Frikadellen im auf 220°C vorgeheizten Backofen 20 Minuten lang backen. Alle 5 Minuten mit Öl einpinseln. Nach 15 Minuten die Frikadellen einmal wenden.
5. Die Brotscheiben mit Butter bestreichen und mit je einem Salatblatt belegen. Darauf die Frikadellen und die Tomatenscheiben schichten, mit Salz und Pfeffer abschmecken und sofort servieren.

▶ **Tipp**
Auch wenn Ihnen der Frikadellenteig zu weich erscheint, kein Mehl oder Bindemittel hinzufügen. Im heißen Backofen werden die Frikadellen schnell fest. - Die Rezepte sind für 12 Frikadellen berechnet. Sie können überzählige Frikadellen problemlos einfrieren und nach dem Auftauen auf dem Toaster wie Brötchen aufbacken.

# Scharfe Dinkel-Burger

**Für 12 Burger**

## Dinkelfrikadellen

1/2 l Gemüsebrühe (Frugola)
250 g Dinkel, mittelfein geschrotet
1 rote Peperoni, fein geschnitten
100 g rote Paprika, fein geschnitten
100 g Lauch, fein geschnitten
1 Knoblauchzehe, zerdrückt
1 Bund Petersilie, fein gehackt
1 TL Kräuterpulver (Seite 12)
1 TL Paprikapulver, edelsüß
2 Eier, 2 EL Sonnenblumenöl
Kräutersalz, Pfeffer aus der Mühle
4 EL Sonnenblumenöl zum Einpinseln

## Tomatensoße

240 g Crème fraîche
120 g Tomatenketchup (Seite 26)
3 Msp. Sambal Oelek
Kräutersalz, Pfeffer aus der Mühle

*außerdem*
12 Weizenvollkornbrötchen
3 Zweige kleiner Chilis
12 große Salatblätter
120 g Tomatensoße
12 Scheiben Tilsiter, diagonal geviertelt
je 3 rote und gelbe Paprikaschoten, Ringe
3 Stiele Petersilie

1. Zubereitung der Dinkelfrikadellen wie bei Grünkern-Burger beschrieben.
2. Crème fraîche, Ketchup und Sambal Oelek verrühren. Mit Salz und Pfeffer abschmecken.
3. Die Brötchen durchschneiden. In die oberen Hälften kleine Chilis stecken. Die unteren Hälften mit Salatblättern belegen und mit Tomatensoße bestreichen. Die Frikadellen darauf setzten, mit Käse und Paprikaringen belegen und mit Petersilie garnieren.

**Getreidefrikadellen schmecken auch kalt sehr gut.**

# Buchweizen-Burger (Doppeldecker)

**Für 6 Burger**

## Buchweizenfrikadellen

150 g Buchweizen, ganze Körner
50 g Dinkel, mittelfein geschrotet (Kaffeemühle)
400 ml Gemüsebrühe (Frugola)
2 Schalotten, fein gehackt
100 g Sellerie, fein geraffelt
100 g Karotten, fein geraffelt
1 Knoblauchzehe, zerdrückt
1 TL Kräuterpulver (Seite 12)
2 Eier
2 EL Sonnenblumenöl
1 TL Delikata
Kräutersalz
Pfeffer aus der Mühle
4 EL Sonnenblumenöl zum Einpinseln

## Senfsoße

175 g Jogurt oder Sauerrahm
3 TL Senf
3 TL Zitronensaft
6 TL Petersilie, fein geschnitten
Kräutersalz
Pfeffer aus der Mühle

*außerdem*
6 Leinsamenvollkornbrötchen
1 großer grüner Eichblattsalat
6 kleine, bunte Paprikaschoten, Streifen
6 Scheiben Gouda, diagonal geviertelt
zwei Kästchen Kresse

1. Das Getreideschrot in die kochende Gemüsebrühe schütten und ohne weitere Hitzezufuhr in geschlossenem Topf 30 Minuten lang quellen lassen. Falls die Flüssigkeit nicht ganz aufgesogen ist, im Sieb abtropfen lassen.
2. Alle weiteren Zutaten mit dem warmen Getreidebrei vermengen und mit Salz und Pfeffer pikant abschmecken.
3. Weitere Zubereitung der Frikadellen wie bei Grünkern-Burger (Seite 144).
4. Für die Senfsoße Jogurt oder Sauerrahm mit Senf, Zitronensaft und der fein geschnittenen Petersilie mischen. Mit Kräutersalz und Pfeffer aus der Mühle abschmecken.
5. Die Brötchen quer durchschneiden, die unteren Hälften dick mit Soße bestreichen, mit Salatblättern und den Frikadellen belegen.
6. Bunte Paprikastreifen darüber legen und nochmals Frikadellen aufsetzen.
7. Die Frikadellen mit Käseecken belegen, mit Kresse bestreuen und die Brötchendeckel aufsetzen.

# Hirse-Burger

**Für 12 Frikadellen**

## Hirsefrikadellen

1/2 l Gemüsebrühe (Frugola)
200 g Hirse, geschrotet
100 g Schalotten, fein gehackt
100 g Champignons, fein geschnitten
100 g Karotten, fein geraffelt
1 Knoblauchzehe, zerdrückt
2 EL frische Kräuter, fein gehackt
1 TL Kräuterpulver (Seite 12)
1/2 TL Muskatnuss, gemahlen
2 Eier
2 EL Sonnenblumenöl
Kräutersalz, Pfeffer aus der Mühle
4 EL Sonnenblumenöl zum Einpinseln

### Meerrettichsoße

360 g Crème fraîche
3 TL Meerrettich
(aus dem Glas)
3 EL Schnittlauchröllchen
Salz, Pfeffer aus der Mühle

*außerdem*
12 Mehrkornbrötchen
2 kleine Salatgurken, Scheiben
1 großer, grüner Eichblattsalat
12 schöne Champignons, Scheiben
3 Tomaten, Scheiben

1. Das Hirseschrot in die kochende Gemüsebrühe rühren, 10 Minuten köcheln lassen und ohne weitere Hitzezufuhr 20 Minuten lang quellen lassen.
2. Die übrigen Zutaten zum warmen Getreidebrei hinzufügen und mit Salz und Pfeffer abschmecken.
3. Weitere Zubereitung der Frikadellen wie bei Grünkern-Burger (Seite 144).
4. Für die Soße die Crème fraîche mit dem Meerrettich und den Schnittlauchröllchen schaumig rühren. Mit Salz und Pfeffer abschmecken.
5. Die Brötchen quer durchschneiden. In jede obere Brötchenhälfte eine halbe Gurkenscheibe einpassen. Die unteren Hälften der Brötchen dick mit Soße bestreichen und mit dünnen Gurkenscheiben und zwei Salatblättern belegen.
6. Die Hirsefrikadellen auf den Salat setzen, Champignonscheiben und Tomatenscheiben auflegen. Die Brötchendeckel aufsetzen.

## Linsen-Burger

**Für 12 Frikadellen**

### Linsenfrikadellen

200 g Linsen, mindestens 12 Stunden eingeweicht
600 ml Gemüsebrühe (Frugola)
70 g Zwiebeln, fein gehackt
1 Knoblauchzehe, zerdrückt
80 g Lauch, fein geschnitten
1 milde, grüne Peperoni, fein geschnitten
1 Bund Petersilie, fein geschnitten
2 Eier

2 EL Sonnenblumenöl
80 g Haselnüsse, gemahlen
1 TL Delikata
Kräutersalz, Pfeffer aus der Mühle
4 EL Sonnenblumenöl zum Einpinseln

### Kräutersoße

350 g Sauerrahm
60 g Perlzwiebeln, fein gehackt
6 EL gemischte Kräuter, fein gehackt, oder
3 TL Kräuterpulver (Seite 12)
Kräutersalz, Pfeffer aus der Mühle

*außerdem*
12 Roggenvollkornbrötchen
3 Handvoll Rucolablätter
12 EL Linsensprossen
3 kleine Zweige roter Chilis
300 g Perlzwiebeln

1. Die eingeweichten Linsen in einem Sieb spülen und etwa 45 Minuten in der Gemüsebrühe garen. Das Wasser soll aufgesogen sein.
2. Den abgekühlten Linsenbrei mit den weiteren Zutaten vermengen und mit Salz und Pfeffer abschmecken.
3. Weitere Zubereitung der Frikadellen wie bei Grünkern-Burger beschrieben (Seite 144).
4. Für die Kräutersoße Sauerrahm mit den fein gehackten Silberzwiebeln und Kräutern oder Kräuterpulver vermengen. Mit Kräutersalz und Pfeffer abschmecken.
5. Die Brötchen quer durchschneiden, die unteren Hälften dick mit Sauce bestreichen und mit Rucolablättern belegen. Die Frikadellen auflegen und jeweils 1 Esslöffel Linsensprossen darüber streuen.
6. Mit 2 roten Chilis und etwas Kräutersoße garnieren und die Brötchendeckel aufsetzen. Mit Perlzwiebeln anrichten.

# Zucchini-Tomaten-Quiche

**Für 4 hitzebeständige Portionsförmchen (15 cm Ø)**
12 Scheiben Weizenvollkornbrot, Kastenform
2 EL Sonnenblumenöl
1 Zwiebel, fein gehackt
2 Knoblauchzehen, zerdrückt
200 g Crème fraîche, 4 Eier
100 g Gruyère, gerieben
3 EL Kräuter (Petersilie, Thymian, Oregano, Salbei), fein geschnitten, oder
1 TL Kräuterpulver (Seite 12)
1 TL Frugola
1 EL Paprikapulver, edelsüß
1/4 TL Pfeffer aus der Mühle
800 g Zucchini, Scheiben
8 mittelgroße Strauchtomaten, Scheiben

1. Die Brote halbieren und die harte Rinde abschneiden. Mit den Brotstreifen die gebutterten Formen auskleiden. Etwa 7 – 10 Minuten im auf 220°C vorgeheizten Backofen knusprig backen.
2. Währenddessen Zwiebeln und Knoblauch im Fett goldgelb braten. Für die Soße Crème fraîche, Eier, Käse, Kräuter und Gewürze zu einer homogenen Masse vermengen; Zwiebeln und Knoblauch untermischen.
3. Die Böden der Pfännchen mit dünnen Zucchinischeiben belegen. Die restlichen Scheiben sowie die Tomaten in die Pfännchen geben und die Soße darüber verteilen.
4. Im auf 220°C vorgeheizten Backofen etwa 20 Minuten backen, bis die Quiches eine goldgelbe Farbe angenommen haben.

# Pfifferlingspfännchen

**Für 4 hitzebeständige Förmchen (15 cm Ø)**
12 Scheiben Weizenvollkornbrot, Kastenform
100 g Zwiebeln, fein gehackt
3 EL Sonnenblumenöl
800 g Pfifferlinge, geschnitten
1 Döschen Safran
1 TL Frugola
2 EL Petersilie, fein geschnitten
2 TL Majoran, gerebelt
Kräutersalz, Pfeffer aus der Mühle
200 g Crème fraîche
4 Eigelb

1. Vorbereitung der Pfännchen wie bei Zucchini-Tomaten-Quiche beschrieben.
2. Zwiebeln im Öl goldgelb anbraten. Pilze, Frugola und Safran hinzugeben. Bei geschlossenem Topf in eigenem Saft etwa 5 Minuten garen lassen.
3. Flüssigkeit abschöpfen, Kräuter unter die Pilze rühren. Mit Salz und Pfeffer abschmecken.
4. Für die Soße Crème fraîche mit Eigelb und Salz verquirlen und unter die Pilze rühren. Die Masse in die vorbereiteten Brotpfännchen geben und im auf 220°C vorgeheizten Ofen etwa 10 Minuten backen.

# Topinambur-Zuckererbsen-Pfännchen

**Für 4 hitzebeständige Förmchen (15 cm Ø)**
12 Scheiben Weizenvollkornbrot, Kastenform
1 große Zwiebel, fein gehackt
3 EL Olivenöl
50 ml Gemüsebrühe (Frugola)
600 g Topinambur, grob geraffelt (oder Karotten)
200 g Zuckererbsen, grob geschnitten
2 EL Kräuter (Estragon, Petersillie, Beroch, Ysop), grob gehackt, oder
1/2 TL Kräuterpulver (Seite 12)
1/2 TL Picata
Vollmeersalz, Pfeffer aus der Mühle
200 g Crème fraîche, 4 Eigelb
1 Msp. Kräutersalz, 1/2 TL milder Curry

1. Vorbereitung der Pfännchen wie bei Zucchini-Tomaten-Quiche beschrieben.
2. Zwiebeln in Öl goldgelb anbraten. Gemüsebrühe aufgießen; Gemüse darin 6 Minuten knackig dünsten.
3. Überschüssige Flüssigkeit abgießen, Kräuter und Picata unterrühren, mit Salz und Pfeffer abschmecken.
4. Das Gemüse auf die Brotpfännchen verteilen. Crème fraîche mit Eigelb und Gewürzen verquirlen, die Soße über das Gemüse gießen und die Pfännchen im vorgeheizten Ofen etwa 10 Minuten bei 220°C backen.

**Knusprige Brotstreifen umhüllen eine mild-würzige Füllung aus Pfifferlingen. Ein leichtes Abendessen, das schnell zubereitet ist.**

# Obsttörtchen zur Teestunde

**Für 8 Stück**
8 halbe Milchbrötchen oder 8 rund ausgestochene Brotscheiben
Butter zum Bestreichen
selbst gemachte Marmelade nach Wahl (Seite 152 – 155) oder Honig
2 EL Honig
250 g Sahnequark (ersatzweise Schlagsahne)
1 EL Zitronensaft
1 Msp. Zimtpulver oder
1 Msp. Bourbon-Vanille
etwa 400 g gemischte Früchte nach Wahl zum Belegen
100 g Mandelsplitter oder gehackte Nüsse

1. Die Brötchenhälften dünn mit Butter bestreichen und darüber eine Schicht Marmelade geben.
2. Den Honig unter den Quark mischen und mit dem Schneebesen schaumig rühren, mit Zimt oder Bourbon-Vanille abschmecken.
3. Zum Schluss die gehackten Nüsse oder Mandelsplitter hinzufügen. Den Honigquark auf den Brötchenhälften verteilen.
4. In das Schaumbett je Brot etwa 50 g Beeren oder zerkleinerte Früchte nach Ihrer Wahl legen. Rasch oxidierende Früchte wie Bananen, Birnen, Pfirsiche und Äpfel nach dem Auflegen dünn mit Zitronensaft oder Glasur bestreichen.

▶ **Tipp**
Eine Glasur bringt Glanz aufs Obst: 100 g Wasser mit 2 Esslöffeln Zitronensaft, 1 Teelöffel Honig und 1 Löffelspitze Agar-Agar zum Kochen bringen. Die Früchte mit der abgekühlten, aber noch flüssigen Glasur bestreichen.

# Erdbeertörtchen

**Für 4 Stück**
6 Scheiben Vollkorntoast, leicht geröstet
20 g Butter
50 g Erdbeeren
1 EL Honig
2 – 3 EL Nougatcreme (Seite 151)
200 g Erdbeerhälften
30 g Mandelblättchen

1. Zwei Toastscheiben leicht buttern.
2. Erdbeeren zerdrücken und mit Honig verrühren. Die Brotscheiben mit Erdbeer-Honig-Mus bestreichen; 1 Esslöffel Mus beiseite stellen.
3. Die zwei Erdbeerbrote mit zwei weiteren Toastscheiben bedecken, mit Nougatcreme bestreichen und mit den letzten beiden Toastscheiben abdecken.
4. Die obersten Toastscheiben mit Erdbeerhälften belegen. Die Außenwände der »Türme« mit dem Rest des Erdbeermuses dünn bestreichen und mit Mandelblättchen bedecken.
5. Die zwei »Türme« mit einem scharfen Messer diagonal teilen.

▶ **Tipp**
Variieren Sie die Törtchen, indem sie andere weiche Obstsorten statt der Erdbeeren verwenden.

## Nougatcreme

**Für 10 – 12 Kastenbrotscheiben**
100 g zimmerwarme Butter
100 g Blütenhonig
100 g Mandeln, gemahlen
1 TL Zimt
1 TL Bourbon-Vanillepulver
1 EL Kakao oder Karobe (Johannisbrotmehl)

Butter mit Honig schaumig rühren. Die mit den Gewürzen und Kakao gemischten gemahlenen Mandeln nach und hinzufügen.

## Zitronenschaum

**Für 8 Kastenbrotscheiben**
200 g Sahnequark
1 TL Bourbon-Vanillepulver
1 – 2 EL Honig
Saft und abgeriebene Schale
von 1 unbehandelten Zitrone

## Orangenschaum

**Für 8 Kastenbrotscheiben**
200 g Sahnequark
1 TL Bourbon-Vanillepulver
1 – 2 EL Honig
Saft und abgeriebene Schale
von 1 unbehandelten Orange

## Kumquatschaum

**Für 8 Kastenbrotscheiben**
200 g Sahnequark
1 TL Bourbon-Vanillepulver
1 – 2 EL Honig
5 Kumquats, mit Schale klein geschnitten

1. Den Sahnequark mit dem Vanillepulver schaumig rühren. Für den Kumquatschaum die klein geschnittenen Früchte mit einem Esslöffel Quark fein pürieren.
2. Honig und Fruchtsaft beziehungsweise Kumquatpüree während des Rührens langsam in den Schaum laufen lassen.

▶ **Tipp**
Schaumige Leckereien aus Zitrusfrüchten sind nicht nur sehr erfrischend, sondern auch gesund: Ihr hoher Vitamin-C-Gehalt macht sie zu einer wahren Vitaminbombe.

## Himbeer-Johannisbeer-Marmelade

250 g Himbeeren
250 g Johannisbeeren
1/2 TL Agar-Agar
2 TL frischer Ingwer, gerieben
2 EL Honig
1 TL Delifrut

## Ananas-Bananen-Marmelade

250 g frische Ananas
250 g Bananen
1/2 TL Agar-Agar
Saft von 1 Zitrone
2 EL Honig
1 TL Delifrut

## Kirsch-Stachelbeer-Marmelade

250 g Kirschen
250 g Stachelbeeren
1/2 TL Agar-Agar
1 EL Zitrone
2 EL Honig
1 TL Delifrut
1 EL Zitronensaft

## Pfirsich-Aprikosen-Marmelade

250 g Pfirsiche
250 g Aprikosen
1/2 TL Agar-Agar
1 EL Zitrone
2 TL frischer Ingwer, gerieben
2 EL Honig
1 TL Delifrut

1. Pfirsiche kurz in kochendes Wasser legen, mit dem Schaumlöffel herausnehmen und die Haut abziehen.
2. Aprikosen, Kirschen, Stachelbeeren und Johannisbeeren (noch am Stiel) mit Wasser abbrausen und zwischen zwei Küchentüchern trockentupfen.
3. Pfirsiche, Aprikosen und Kirschen entsteinen; von den Stachelbeeren die Blüte abschneiden. Die Johannisbeeren entstielen. Bananen schälen, in Stücke schneiden und sofort mit Zitronensaft begießen. Ananas großzügig schälen.
4. Die im jeweiligen Rezept angegebenen Früchte nach der Vorbereitung abwiegen und mischen. Die Früchte im Mixer oder mit dem Schlagmesser des Handrührgerätes grob zerkleinern.
5. Jeweils 100 g einer Früchtemischung pürieren und mit einem halben Teelöffel Agar-Agar kurz aufkochen. Etwas abkühlen, aber nicht fest werden lassen und unter das rohe Fruchtmus rühren. Die übrigen Zutaten hinzufügen und gut vermischen.

**Vitalstoffreiche Marmeladen aus frischen Früchten (im Uhrzeigersinn): Himbeer-Johannisbeer-Marmelade (oben), Ananas-Bananen-, Kirsch-Stachelbeer- und Pfirsich-Aprikosen-Marmelade.**

## Kiwi-Bananen-Mus

**Für 4 Kastenbrotscheiben**
2 Kiwis, dünne Scheiben
2 Bananen, dünne Scheiben
Saft von 1/2 Zitrone
3 TL Benedictine
2 EL Honig
1/2 TL Delifrut
1/2 TL Bourbon-Vanillepulver
etwas gemahlene Mandeln zum Binden

1. Banane und Kiwi mit Zitronensaft und Benedictine übergießen, mit einer Gabel zerdrücken und gut vermengen.
2. Honig und Gewürze unterrühren, wenn nötig mit etwas gemahlenen Mandeln binden.

## Apfelmus mit Rumrosinen

**Für 25 – 30 Kastenbrotscheiben**
150 g Rosinen
3 EL Rum
500 g Äpfel, ohne Schale und Kernhaus, dünne Scheiben
50 ml Wasser
6 Nelken
5 cm Stangenzimt
1 Msp. Macis
1 – 2 TL Delifrut
Saft von 1 Zitrone, ungespritzt
2 breite Streifen Zitronenschale, ungespritzt
1 Msp. Agar-Agar
2 EL Honig

1. Die Rosinen waschen und zwischen zwei Küchentüchern trockentupfen. In ein verschließbares Glas geben und über Nacht in 3 Esslöffel Rum einweichen.
2. Äpfel mit Wasser, Gewürzen sowie Zitronensaft und -schale bei kleiner Hitzezufuhr etwa 5 Minuten köcheln lassen.
3. Nelken, Zimt und Zitronenschale herausnehmen und die Äpfel mit dem elektrischen Handgerät pürieren. Agar-Agar unterrühren und nochmals kurz aufkochen.
4. Das Mus etwas abkühlen lassen. Den Honig und die abgetropften Rosinen in das noch warme Mus rühren.

## Himbeermus

**Für 8 – 10 Kastenbrotscheiben**
200 g Himbeeren
4 TL Himbeergeist
1 EL Honig
1/2 TL Bourbon-Vanillepulver
1/2 TL Delifrut
etwa 100 g Cashewkerne, gemahlen

## Pflaumenmus

**Für 10 – 12 Kastenbrotscheiben**
200 g Pflaumen, grob geschnitten
6 TL Zwetschgenschnaps
2 EL Honig
3 TL Zimt
etwa 200 g Haselnüsse, gemahlen

1. Die Früchte mit der Gabel zerdrücken. (Nicht pürieren, da das Mus sonst zu flüssig wird.)
2. Den Fruchtbrei mit den übrigen Zutaten vermengen. Wenn das Mus zu weich ist, können Sie etwas gemahlene Nüsse unterrühren. Ist es zu fest, dann kann Obstsaft hinzugefügt werden.

# Banane-Johannisbrot-Marmelade

**Für 8 – 10 Kastenbrotscheiben**
100 g getrocknete Bananen, grob geschnitten
1 EL Honig
1 TL Zimt
3 TL Karobe (Johannisbrotmehl)
30 g Cashewkerne, gemahlen
etwa 120 g Bananen-Apfel-Saft

1. Bananen mit dem Schlagmesser des elektrischen Handgerätes mahlen.
2. Honig, Gewürze und gemahlene Nüsse hinzufügen und unter ständigem Rühren Saft zugeben, bis eine sämige Masse entsteht.

# Aprikose-Kokosnuss-Marmelade

**Für 8 – 10 Kastenbrotscheiben**
100 g getrocknete Aprikosen, grob geschnitten
30 g Kokosflocken
2 TL Honig
1 Msp. Muskatnuss, gemahlen
1 Msp. Nelken, gemahlen, 1 TL Zimt
etwa 120 g Aprikosensaft

1. Aprikosen mit Honig, Gewürzen und Saft pürieren.
2. Die Kokosflocken unter Rühren hinzufügen, bis eine sämige Masse entsteht.

# Ananas-Apfel-Marmelade

**Für 10 – 12 Kastenbrotscheiben**
100 g getrocknete Ananas, grob geschnitten
50 g getrocknete Äpfel, grob geschnitten
2 EL Honig
1/2 TL Bourbon-Vanillepulver
1 Msp. Kardamom, gemahlen
etwa 200 g Apfelsaft

1. Die Ananas mit dem Schlagmesser des elektrischen Handgerätes zerkleinern.
2. Äpfel, Honig und Gewürze hinzufügen und mit dem Saft pürieren, bis eine sämige Masse entsteht.

▶ **Tipp**
Trockenfrüchte sind je nach Sorte und Lagerung weich bis steinhart. Pürieren Sie weiche Früchte immer mit Saft. Harte Früchte werden vor der Weiterverarbeitung ohne Saftzugabe gemahlen. Sollte die Marmelade zu fest werden, können Sie noch etwas Saft hinzufügen. Bei zu weicher Konsistenz gemahlene Nüsse unterrühren.

# Mangomus mit Ingwersirup

1 Mango, etwa 250 g Fruchtfleisch
3 – 4 TL Ingwersirup (Seite 26)
1 TL Delifrut
1/2 TL Bourbon-Vanillepulver

1. Die Mango schälen und halbieren, den Stein entfernen.
2. Das Fruchtfleisch vorsichtig mit der Gabel zerdrücken, damit kein Saft herausläuft.
3. Vanillepulver, Delifrut und Ingwersirup nach Geschmack unterziehen.

▶ **Tipp**
Ingwersirup ist weniger zum Süßen gedacht als zum Aromatisieren. Sparsam verwendet, kann er eine banale Marmelade oder ein fades Dessert in ein Gourmetgericht verwandeln.

# Mohncreme

**Für etwa 12 Kastenbrotscheiben**
100 g Mohn, fein gemahlen
1/2 TL Bourbon-Vanillepulver
1/2 TL Anis, gemahlen
100 g zimmerwarme Butter
100 g Blütenhonig

# Mokkacreme

**Für etwa 12 Kastenbrotscheiben**
100 g Haselnüsse, gemahlen
1/2 TL Bourbon-Vanillepulver
2 – 3 TL Instantkaffee (Bohnenkaffee oder Getreidekaffee), mit dem Schnellhacker gemahlen
100 g zimmerwarme Butter
100 g Blütenhonig

# Schokocreme

**Für etwa 12 Kastenbrotscheiben**
100 g Mandeln, gemahlen
1 TL Zimt
1 TL Bourbon-Vanillepulver
1 EL Kakao oder Karobe (Johannisbrotmehl)
100 g zimmerwarme Butter
100 g Blütenhonig

# Nusscreme

**Für etwa 12 Kastenbrotscheiben**
100 g Haselnüsse, gemahlen
1 – 2 TL Zimt, gemahlen
100 g zimmerwarme Butter
100 g Blütenhonig

1. Die gemahlenen Nüsse bzw. den gemahlenen Mohn mit den Gewürzen mischen.
2. Die Butter schaumig rühren und den Honig dabei langsam einlaufen lassen.
3. Die gemahlenen Nüsse bzw. den Mohn nach und nach unter den Butterschaum rühren, bis die Masse eine gleichmäßige Konsistenz hat.

# Feigenmus

**Für etwa 10 Kastenbrotscheiben**
200 g frische Feigen, grob geschnitten
4 TL Williamsbirnenschnaps
4 TL Honig
1/2 TL Bourbon-Vanillepulver
1/2 TL Delifrut
etwa 70 g Haselnüsse, gemahlen

# Dattelmus

**Für etwa 10 Kastenbrotscheiben**
200 g frische Datteln (nach Möglichkeit kalifornische), klein geschnitten
3 TL Grand Marnier
etwa 60 ml Mineralwasser
2 EL Zitronensaft
2 TL Honig
1/2 TL Delifrut

1. Die Früchte mit der Gabel zerdrücken. Nicht pürieren, da das Mus sonst zu flüssig wird.
2. Den Fruchtbrei mit den übrigen Zutaten vermengen. Wenn das Mus zu weich ist, können Sie etwas gemahlene Nüsse unterrühren. Ist es zu fest, dann kann Obstsaft hinzugefügt werden.

**▶ Tipp**
Fruchtmus ist im Kühlschrank eine Woche haltbar. Die Cremes können Sie gekühlt sogar 3 – 4 Wochen aufbewahren.

**Süßer Cremespaß für große und kleine Genießer: Herzförmig ausgestochene Brotscheiben mit (im Uhrzeigersinn) Mohncreme (links), Mokka-, Schoko- und Nusscreme.**

**Rezeptverzeichnis**

**Bildnachweis:**
Blume Public Relations 15 l.
Falken Verlag/Schmitz 30/31
Mosaik Verlag 112
Mosaik Verlag/Brauner 10, 12, 13, 24, 36, 38, 39, 44, 48, 51, 52/53, 56, 57, 62, 64, 65, 68, 72, 76/77, 81, 85, 88, 99 o., 102, 104, 116, 123, 127, 128
Mosaik Verlag/Kerth 133
Mosaik Verlag/Köhnen 8
Mosaik Verlag/Newedel 2, 4, 6/7, 9, 11, 16, 33, 35, 37, 41, 43, 45, 47, 49, 55, 59, 61, 63, 67, 69, 71, 75, 79, 80, 83, 87, 89, 91, 92, 93, 94/95, 97, 98, 101, 105, 107, 117, 118, 145
Mosaik Verlag/Piepenstock 103, 111
Mosaik Verlag/Schabel 22, 23, 29, 108/109, 122, 125, 129, 137, 142, 143, 149
Mosaik Verlag/Teubner 14, 25, 26, 60, 96, 115, 139, 147
Mosaik Verlag/Weihreter 28, 110, 113, 114, 119, 121, 126, 130, 131, 134, 138, 141, 146, 150, 151, 152, 153, 154, 155, 157
PhotoDisc Inc. 99 u., 132
Unold GmbH 18, 19, 20
Wassenaar Fotografie 15 r.

Foodstyling: Marianne J. Voelk
Wir danken der Firma Karstadt
für die freundliche Leihgabe von Geschirr und Besteck

**Bezugsquellen:**
Backmeister (Brotbackautomat): Unold GmbH, Postfach 1407, 68757 Hockenheim
Fidibus XL (Getreidemühle): Wolfgang Mock GmbH, Habitzheimer Str. 14, 64853 Otzberg-Lengfeld
KitchenAid (Küchenmaschine): Holländer-Elektro, KitchenAid-Vertrieb, Flinschstraße 35, 60388 Frankfurt

ISBN 3 8094 1484 0



**Umschlaggestaltung:** Therese und Horst Rothe, Niedernhausen
**Redaktionsleitung:** Halina Heitz
**Redaktion:** Iris Hahner
**Projektkoordination dieser Ausgabe:** Silke Kirsch
**Konzept + Artdirektion:** Bettina Schinko
**Layout:** Tausendblauwerk

Die Ratschläge in diesem Buch sind von Autorin und Verlag sorgfältig erwogen und geprüft, dennoch kann eine Garantie nicht übernommen werden. Eine Haftung der Autorin bzw. des Verlags und seiner Beauftragten für Personen-, Sach- und Vermögensschäden ist ausgeschlossen.

**Reproduktion:** Lorenz & Zeller, Inning a. A.
**Druck:** Egedsa, Barcelona
Printed in Spain

121/115180101X817 2635 4453 6271